抖音短视频运营全攻略

王子超 吴炜 ◎ 编著

| 内容创作 + 特效拍摄 + 后期制作 + 吸粉引流 + 流量变现 |

人民邮电出版社
北京

图书在版编目（CIP）数据

抖音短视频运营全攻略：内容创作+特效拍摄+后期制作+吸粉引流+流量变现 / 王子超，吴炜编著. -- 北京：人民邮电出版社，2020.4（2023.10重印）
ISBN 978-7-115-53285-5

Ⅰ．①抖… Ⅱ．①王… ②吴… Ⅲ．①网络营销 Ⅳ．①F713.365.2

中国版本图书馆CIP数据核字(2019)第300853号

内 容 提 要

随着移动互联网的快速发展与普及，短视频营销正在成为新的营销模式。本书从短视频营销的基础出发，结合大量的实际操作技巧，从抖音账号注册、认证到安全设置，从抖音推荐算法到内容定位，从视频封面、文案、音乐到使用道具拍摄特效，从后期App视频编辑剪辑工具到计算机端视频剪辑工具，从标题的编写到互动评论技巧，从抖音直播到各种变现模式，系统总结了抖音运营的实战技巧。本书介绍了如何通过专业的数据化运营规避在抖音账号运作过程中的各种障碍，从而获得数以亿计的视频曝光量；手把手教读者从抖音建号到变现全流程，帮助读者快速掌握抖音号的运营技巧，及时收获抖音红利。

本书适合那些喜欢玩抖音且希望通过抖音来实现引流和流量变现的个人或企业。

- ◆ 编　著　王子超　吴　炜
  　　责任编辑　张丹阳
  　　责任印制　马振武
- ◆ 人民邮电出版社出版发行　北京市丰台区成寿寺路11号
  　邮编　100164　电子邮件　315@ptpress.com.cn
  　网址　http://www.ptpress.com.cn
  　北京捷迅佳彩印刷有限公司印刷
- ◆ 开本：700×1000　1/16
  　印张：8.75　　　　　　　2020年4月第1版
  　字数：204千字　　　　　2023年10月北京第15次印刷

定价：45.00 元

读者服务热线：(010)81055410　印装质量热线：(010)81055316
反盗版热线：(010)81055315
广告经营许可证：京东市监广登字 20170147 号

前 言

任何一款热门互联网产品的出现，都把握住了时代的发展趋势。微博、微信获得了移动互联网的初期红利。近两年，抖音等短视频平台强势崛起，用户规模快速增长，聚集成庞大的"流量洼地"，带动的不仅仅是个人，还有更多的企业和商家。如今，越来越多的企业和商家瞄准了抖音短视频这块"大蛋糕"，如海底捞、阿里巴巴、百度、京东、小米、华为、三星、宝马、奔驰等企业纷纷在抖音上做起了营销，而且取得了可观的效果。另外，还有大量名人入驻抖音平台。对于在微博、微信时代并未确立先发优势的品牌来说，抓住抖音带来的流量是一个翻身的好机会。

短视频平台的崛起，对于创业者和商家来说是一个发展的好时机。那么，短视频营销有哪些优势呢？抖音火爆的原因有哪些？什么是抖音推荐算法？什么内容的短视频容易成为热门？如何在用户庞大的抖音平台引流？如何进行抖音账号的定位？如何制作短视频吸引人点击？如何利用高点击率的视频宣传推广企业品牌？为什么别人的抖音视频一发布就获得几百万点赞，而你的视频却一直不温不火？如何使用道具拍同款？如何使用短视频后期制作工具软件？如何写出吸引人的标题？打造爆款短视频的必备因素有哪些？如何进行互动评论？如何快速提高抖音直播人气？如何与新主播互动？如何进行流量变现？常见的流量变现方式有哪些？很多抖音用户对这些都一无所知，因此笔者编写了本书，以便让读者更切实地理解抖音运营实战技巧，从本书获得短视频营销的新思路，成为抖音短视频营销高手。

本书非常适合那些喜欢玩抖音且希望通过抖音来实现引流和流量变现的个人或企业。由于笔者知识水平有限，书中难免有疏漏之处，恳请广大读者批评、指正。

关于数艺社

人民邮电出版社有限公司旗下品牌"数艺社"，专注于专业艺术设计类图书出版，为艺术设计从业者提供专业的图书、U书、课程等教育产品。出版领域涉及平面、三维、影视、摄影与后期等数字艺术门类，字体设计、品牌设计、色彩设计等设计理论与应用门类，UI设计、电商设计、新媒体设计、游戏设计、交互设计、原型设计等互联网设计门类，环艺设计手绘、插画设计手绘、工业设计手绘等设计手绘门类。更多服务请访问"数艺社"社区平台www.shuyishe.com。我们将提供及时、准确、专业的学习服务。

目 录

第 1 章
初识抖音：短视频营销的前世今生

1.1 初识短视频 8
    1.1.1 短视频是什么 8
    1.1.2 短视频营销的优势 8
    1.1.3 拍摄器材 9
1.2 短视频营销的趋势 11
1.3 抖音与短视频营销的关联 12
    1.3.1 抖音到底是什么 12
    1.3.2 抖音火爆的原因 13
    1.3.3 抖音短视频的品牌营销力 15
    1.3.4 抖音常用的几大功能 17
1.4 思考题 18

第 2 章
注册抖音：玩好抖音的第一步

2.1 下载并安装抖音App 20
2.2 注册抖音账号 21
    2.2.1 正确注册是抖音运营的第一步 21
    2.2.2 抖音号昵称 23
    2.2.3 抖音号签名 24
    2.2.4 抖音号头像 24
2.3 安全设置很重要 26
    2.3.1 设置抖音密码 26
    2.3.2 身份实名认证 27
    2.3.3 账号绑定 29
    2.3.4 更换已绑定的手机号 30
2.4 抖音企业号认证 32
    2.4.1 抖音认证企业号优势 32
    2.4.2 申请企业号认证 32
2.5 思考题 34

第 3 章
内容创作：抖音推荐算法与内容定位

3.1 深入了解抖音推荐算法 36
    3.1.1 抖音推荐算法的好处 36
    3.1.2 抖音推荐算法 36
    3.1.3 推荐算法的核心 37
3.2 做好内容是前提 38
3.3 什么内容的短视频容易成为热门 39
    3.3.1 才艺表演 39
    3.3.2 搞笑内容 39
    3.3.3 颜值 40
    3.3.4 特色景点 40
    3.3.5 正能量 42
    3.3.6 实用技术 42
3.4 抖音定位 43
    3.4.1 定位一定清晰，垂直化发展 43
    3.4.2 最大化地锁定自己擅长的领域 44
    3.4.3 你的抖音号脱颖而出的点在哪儿 45
    3.4.4 尽量原创，不要"搬运" 47
    3.4.5 内容的定位要满足用户的需求 49
3.5 思考题 50

第 4 章
特效拍摄：短视频这样制作才有人点击

4.1 拍摄短视频时需要注意的问题 52
4.2 抖音视频这样拍摄 53
    4.2.1 封面：人靠衣装马靠鞍 53
    4.2.2 文案：一句话决定用户的点击欲望 ... 55
    4.2.3 高转化率的文案编写技巧 56
    4.2.4 音乐：金色大厅里面也需要贝多芬的曲子 57
    4.2.5 特效：丰富特效打动人心 59
4.3 使用道具拍同款 63
    4.3.1 使用道具制作"新娘妆"特效 63
    4.3.2 使用抖音同款道具"灵魂出窍"拍出魔术效果 63
    4.3.3 使用"水面倒影"道具拍出涨水特效 65
    4.3.4 使用"红色光束"道具拍出KTV的感觉 65
4.4 思考题 66

第 5 章
后期制作：孕育精品视频

5.1 短视频后期加工法宝 68
    5.1.1 小影短视频制作软件 68
    5.1.2 乐秀视频编辑器 70
5.2 计算机端视频剪辑的好帮手 71
    5.2.1 爱剪辑 71
    5.2.2 快剪辑 77

5.3 Photoshop作图辅助工具 80
    5.3.1 使用Photoshop调整图片大小 81
    5.3.2 使用Photoshop裁剪工具制作封面图 82
    5.3.3 使用Photoshop轻松批量处理图片ͺ 85
5.4 第三方工具辅助，精益求精 88
    5.4.1 云美摄短视频剪辑软件ͺͺͺͺͺͺͺͺͺͺͺͺͺ 88
    5.4.2 PhotoMosh 88
5.5 思考题 90

第 6 章
吸粉引流：掌握引流技巧才能成为热门

6.1 吸引人的抖音标题ͺͺͺͺͺͺͺͺͺͺͺͺͺͺͺͺͺͺͺͺͺͺͺ 92
    6.1.1 分析人性特点ͺͺͺͺͺͺͺͺͺͺͺͺͺͺͺͺͺͺͺͺͺͺͺͺͺ 92
    6.1.2 高点击量的抖音标题编写技巧ͺͺͺͺͺ 93
6.2 打造爆款短视频 97
    6.2.1 爆款选题遵循的原则 97
    6.2.2 打造爆款短视频的必备因素 98
6.3 互动评论是增加粉丝的重要因素 100
    6.3.1 互动时的技巧ͺͺͺͺͺͺͺͺͺͺͺͺͺͺͺͺͺͺͺͺͺͺͺ 100
    6.3.2 互动时需注意的问题ͺͺͺͺͺͺͺͺͺͺͺͺͺͺͺͺ 101
    6.3.3 提高评论数量的技巧ͺͺͺͺͺͺͺͺͺͺͺͺͺͺͺͺ 102
    6.3.4 提高点赞量ͺͺͺͺͺͺͺͺͺͺͺͺͺͺͺͺͺͺͺͺͺͺͺͺͺͺ 102
6.4 "蹭"热点让你获得百万点击量 104
    6.4.1 什么是热点ͺͺͺͺͺͺͺͺͺͺͺͺͺͺͺͺͺͺͺͺͺͺͺͺͺͺ 104
    6.4.2 从哪里找热点ͺͺͺͺͺͺͺͺͺͺͺͺͺͺͺͺͺͺͺͺͺͺͺ 105
    6.4.3 "蹭"热点的关键点ͺͺͺͺͺͺͺͺͺͺͺͺͺͺͺͺͺ 108
6.5 参加挑战活动，利用官方做推广 108
    6.5.1 发起抖音挑战赛，直接提高曝光率ͺͺͺͺͺͺͺͺͺͺͺͺͺͺͺͺͺͺͺͺͺͺͺͺͺͺͺͺͺͺͺͺͺͺͺͺͺͺ 108

6.5.2 关注抖音小助手，
        及时发现火热挑战赛 110
6.6 稳定更新，持续输出 110
  6.6.1 建立素材库 110
  6.6.2 持续更新的5个小技巧 111
6.7 微信推广 111
  6.7.1 朋友圈推广 111
  6.7.2 微信群推广 111
  6.7.3 公众号推广 112
6.8 思考题 112

第 7 章
直播互动：一万个视频不如几分钟的实时互动

7.1 抖音直播的开通条件与方法 114
  7.1.1 开通方式和步骤 114
  7.1.2 签约公会 115
  7.1.3 独立签约 117
7.2 内容定位，确定用户画像 117
  7.2.1 群体分析 117
  7.2.2 主动引流 118
7.3 快速提高抖音直播人气 118
7.4 抖音直播的技巧 119
  7.4.1 把握礼物赠送时机，引起关注 119
  7.4.2 与粉丝交流应该把握好度 121
  7.4.3 新主播互动技巧 121
  7.4.4 直播推送，多平台分享开播提醒 123

  7.4.5 抖币充值 124
  7.4.6 加入粉丝团 125
7.5 思考题 126

第 8 章
流量变现：抓住抖音风口，不放过变现机会

8.1 电商卖货模式 128
  8.1.1 抖音做电商的玩法 128
  8.1.2 所展示产品必须亲自试验 129
8.2 广告模式 130
  8.2.1 抖音广告投放形式 130
  8.2.2 抖音广告优势 131
  8.2.3 幽默植入广告 132
8.3 达人直播付费模式 133
  8.3.1 直播卖货 133
  8.3.2 用才华获得粉丝打赏 133
8.4 品牌企业宣传模式 134
8.5 百万粉丝抖音"网红"变现 135
  8.5.1 抖音红人转型成为超级"网红" 135
  8.5.2 形象代言 136
  8.5.3 "网红"转型演员 137
8.6 开通抖音小店 137
  8.6.1 抖音小店的意义 137
  8.6.2 抖音小店入驻流程 137
  8.6.3 抖音小店后台管理 139
8.7 思考题 140

第 1 章

初识抖音：短视频营销的前世今生

随着移动互联网的快速发展与普及，短视频营销正在成为新的营销模式。短视频适合在碎片时间观看，信息量集中，越来越吸引用户的关注。抖音是一个帮助广大用户表达自我、记录美好生活的短视频分享平台，为用户创造丰富多样的玩法，让用户可以轻松拍出优质短视频。

1.1 初识短视频

短视频给予每个创作者非常大的发挥空间。什么是短视频？短视频营销有哪些优势？短视频拍摄器材有哪些？下面将一一进行介绍。

1.1.1 短视频是什么

短视频是一种视频长度以秒计算，主要依托移动智能终端实现快速拍摄和编辑，可在社交媒体平台上实时分享的新型视频形式。短视频不同于文字、音频等内容单一的模式，它结合了文字、语音和视频，使用户在接收内容时更加立体化。

短视频的出现是对社交媒体现有内容（文字、图片）的一种有益补充。同时，优质的短视频内容亦可借助社交媒体的渠道优势实现"病毒式"传播。当下，短视频是非常受互联网使用人群喜爱的内容形式。与纯文字文本相比，短视频更加生动形象，包含的信息量更大，收看短视频所消耗的注意力更少。

据不完全统计，截至目前，市场上的短视频App多达上百个，如抖音短视频、火山小视频、快手、泡泡视频、逗拍等，如图1-1所示。

图1-1 短视频App

中国互联网络信息中心（China Internet Network Information Center，CNNIC）的数据显示，截至2018年12月，我国短视频用户规模达6.48亿，网民使用率高达78.2%，短视频用户规模和网民使用率均超过长视频的用户规模和网民使用率，在互联网娱乐应用中排名第一。

1.1.2 短视频营销的优势

短视频营销是企业和商家借助短视频这种媒介形式营销的一种方式。不少企业现在已经意识到借助短视频宣传是提升品牌知名度的有效方式之一。目前，已经有越来越多的企业使用短视频开展市场营销活动。

短视频营销有哪些优势呢？

1. 短视频是大脑更喜欢的"语言"

有研究数据表明，大脑处理视频的速度要比处理纯文字的速度快很多倍。从人体本能来说，比起图像和文字，短视频内容更具视觉冲击力。短视频结合声音、动作、表情，可以让用户更真切地感受到短视频创作者的情绪。同时，在生活节奏越来越快的当今时代，短视频这种碎片化的资讯获取方式和社交方式越来越受到人们的欢迎。

第 1 章 初识抖音：短视频营销的前世今生

2. 品牌更强

短视频可以轻松植入品牌，或向用户传递品牌形象。在短视频中，产品形态是多样化的，产品维度可以是人，也可以是画面、场景、情节等，用户的接受程度会更高，用户会对广告本身进行二次传播。图1-2所示是王老吉利用抖音进行品牌传播的视频截图。

3. 互动性强

短视频主播可以和用户产生互动，每个用户都可以对视频点赞、转发、评论。用户在评论区评论，主播一般都会做出回答，当用户看到自己的评论被回复，用户评论的积极性会更高。

随着各大互联网巨头纷纷涉足短视频领域、各类短视频App涌入市场，短视频竞争已进入白热化阶段。短视频平台想要实现可持续化发展，就必须保证平台拥有大量优质的短视频，而短视频依靠音乐，所以音乐的版权以及数量也是短视频运营团队考虑的必要因素。

图1-2 品牌传播

1.1.3 拍摄器材

对于视频拍摄新手来说，并不需要购买很高端的摄像机等专业的拍摄器材。现在手机的拍摄功能已经很强大了，特别是苹果、华为的高端机型，基本可以满足新手的拍摄需求。在初期资金紧张的情况下，可以使用手机来代替相机进行拍摄。当然对于专业的视频拍摄，还是需要一些专业器材的。

1. 拍摄器材

新手对于一些拍摄基本技巧或摄影知识并不是很了解，而且购买专业的拍摄器材要花费不少资金，所以可以从手机拍摄入手。例如，苹果、华为、OPPO等手机的拍照功能都十分强大，目前市场上主流机型都可以用于拍摄，如图1-3所示。

图1-3 主流手机

9

如果想进行更专业的拍摄，也可以考虑使用单反相机。用户可以根据经济情况来选择机型，通常8000元左右的机型基本可以满足抖音短视频的拍摄需求，如图1-4所示。用户如果有特别专业的拍摄需求，可以考虑高端机型。

图1-4 单反相机

2. 音频器材

音频器材主要是麦克风。录音一般都需要麦克风和声卡，如果使用手机拍摄，只需要再购买一个专业的麦克风。一般的手机都配备了耳机和录音设备。

3. 灯光器材

灯光是整个画面质量中的关键因素之一。一般来说，新手刚开始拍摄短视频时，尽量把拍摄画面照亮，做到光线均匀就可以了。

一般情况下，为了保证更好的拍摄效果，需要配光源。普通用户可以选择柔灯箱，价格实惠，网购就可以买到。用户也可以考虑搭配几个LED灯，这样拍出来的视频效果与没有灯光器材拍摄出来的视频效果会有明显的区别。灯光器材如图1-5所示。

4. 支架器材

拍摄的时候，往往需要固定镜头，单纯靠手臂来保持稳定是不行的，这时候就需要借助三脚架。三脚架也是拍摄时非常重要的器材，如图1-6所示。

图1-5 灯光器材

图1-6 三脚架

1.2 短视频营销的趋势

基于互联网、云计算与智能手机的发展,用户对视频内容的获取变得越来越容易,随时随地掏出手机观看视频已成常态。短视频营销具有以下趋势。

1. 短视频营销依然火爆

随着快手、火山小视频、好看视频、多闪、抖音、西瓜视频等App的走红,短视频迎来了大爆发。内容丰富有趣的短视频更加受用户的欢迎。将产品巧妙地植入短视频中,既不尴尬也不生硬,还能为产品带来一定的曝光,甚至得到流量变现。图1-7所示就是将产品植入短视频的案例。

2. 用户对内容的要求更高

无论是短视频、自媒体、公众号还是传统的网络广告,对营销内容质量的要求都越来越高,单一、枯燥、广告性较强的内容必将逐渐被淘汰。

3. 短视频主攻年轻群体

内容年轻、有趣已然成为视频营销的必备因素,相较于单一讲述品牌故事的广告内容,结合声音、动作、表情于一体的短视频,更能够触动用户。

4. 内生广告成风向标

视频广告已经从贴片模式时代进入内生广告时代。内生广告打破了传统广告模式的局限。相比用户体验差的贴片广告和用户感知度不高的植入广告,内生广告是基于内容而衍生的新型广告模式,用户对其接受度会更高。图1-8所示为内生广告案例截图。

图1-7 将产品植入短视频

图1-8 内生广告

5. 高分享性和互动性

短视频广告的高分享性和互动性赋予了品牌"病毒式"营销效果，内容足够好玩就会带动其他用户自发分享，创造品牌与用户沟通的新方式，同时带来高点击率，如图1-9所示。

图1-9 短视频广告的高分享性和互动性

6. 全网营销是必经之路

当前网络营销竞争激烈，单一的网络营销方式已经不能满足企业的需要，视频营销、整合营销成为企业全新的营销方式。全网营销是将一系列的营销方式整合，有条不紊地进行营销，从而获得流量最大化的一种营销方式。

1.3 抖音与短视频营销的关联

随着网络的迅速普及，人们的生活方式发生了翻天覆地的变化。如今各种App层出不穷，不断丰富人们的闲暇时光。抖音虽然是后起之秀，却拥有庞大的用户基础。

1.3.1 抖音到底是什么

抖音是2018年非常火的App之一，相信不少人手机上都装有这款App。抖音是一款可拍摄短视频的音乐创意短视频社交软件，是一个音乐短视频社区。抖音上线之初，其口号是"记录美好生活"，如图1-10所示。短短15秒，"抖友"（抖音用户）通过选择歌曲、拍摄视频来完成自己的作品并发布到平台上。抖音还集成了类似美拍等App的镜头、特效、剪辑等功能，尽量减少因为需要对视频进行后期处理而造成的流量转移。

第 **1** 章 初识抖音：短视频营销的前世今生

图1-10 记录美好生活

抖音于2016年9月上线，创作团队最初仅为几个人，上线不到半年就获得今日头条的投资。抖音不断提高用户体验，增加新的功能，抓住时下热点，让"抖友"始终保持着新鲜感，让更多的名人抖音成为热门。

抖音发展的同时也诞生了一批"抖音达人"，这些"达人"不仅给抖音注入了各类丰富多彩的内容，同样也因为抖音改变了自己的生活。例如，"代古拉k"就通过抖音完成了自己人生的逆袭。代古拉k一开始在抖音上受到关注是由于她的笑容。代古拉k的笑容被称为"抖音最美笑容"，甜美的笑容加上充满力量的舞蹈，让她一夜爆红，抖音"粉丝"数量迅速破千万，让她具备了极高的商业价值。她在抖音上粉丝众多，每个视频都会有几十万甚至几百万的点赞。

【小抖知道】

抖音短视频刚上线时的名字叫A.me，2016年12月22日正式更名为抖音短视频。抖音用1年时间，做到了视频日均播放量超过10亿次，日活跃用户数达到千万级，500天左右就成为App Store摄影与录像类应用排行榜的第1名。

1.3.2 抖音火爆的原因

抖音短视频能够持续火爆，不仅因为它是一种新的娱乐方式，更因为它是一种全新的营销方式。抖音火爆的原因有以下几点。

1. 展示自我

年轻人追求个性，喜欢分享，更喜欢娱乐，抖音刚好具备这些特性。抖音最初的人群定位是有自我展示需求的创意达人。这些人的直接需求就是娱乐，希望能更简单地拍摄出与众不同的视频，制作有吸引力的MV，希望自己被认识、被关注。

2. 符合用户习惯

抖音的口号是"记录美好生活"。抖音的界面切换符合年轻人向上滑动手机屏幕的习惯，衔接过程没有多余的介绍，视频一般比较短，大部分都是15秒，半小时就能观看约120个视频。相对于其他的软件，抖音短视频更符合碎片化的传播需求；相较于传统书籍文字，抖音短视频给予了用户更好的体验。

3. 愉悦自我

进入发展期后，由于用户数量暴涨，抖音运营团队开始寻求更新鲜的玩法，不仅增加了滤镜、美化等特效，还增加了"尬舞机"功能，如图1-11和图1-12所示。"尬舞机"功能将跳舞机从线下转移到手机上，用户使用抖音就可以在手机上玩体感游戏。

4. 简单、易操作

和其他视频制作软件相比，利用抖音制作短视频更简单，不需要有什么专业的拍摄工具，一部手机便可以搞定；抖音有专门的音乐库，用户可以直接选择音乐，如图1-13所示。抖音短视频让人人都可以成为导演和主角。

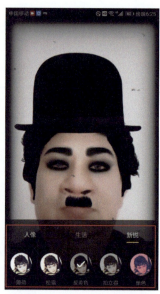

图1-11 滤镜特效

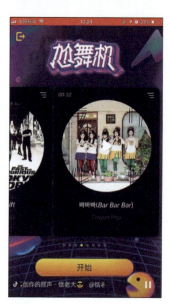

图1-12 尬舞机

5. 流量可变现

随着抖音用户的增多，许多主播都开始进行流量变现。在移动互联网时代，只要有可观的流量，就会有相应的价值。在高收入的刺激下，玩得好、有创意的主播开始精心策划和录制一些为品牌、商家做推广的短视频。

【小抖知道】

2018年上半年的调查显示：每个"抖友"平均每天在抖音上观看视频20分钟以上。假设每个视频持续15秒，那么每个"抖友"每天能观看约82个完整的视频。

图1-13 选择音乐

1.3.3 抖音短视频的品牌营销力

随着短视频的火爆，各大品牌都在尝试利用抖音短视频进行营销。那么到底该如何利用抖音来进行品牌营销呢？

1. 抖音的开屏广告

面对抖音的火爆，越来越多的品牌商家将目光抛向短视频这块营销"新大陆"。作为抖音的黄金广告位，抖音的开屏广告也在第一时间吸引了用户的注意力。这些品牌通过精准的定位来吸引用户并引导购买，从而实现商家所期望的营销效果。开屏广告如图1-14所示。

2. 利用"抖音达人"营销

很多"抖音达人"的粉丝量巨大，这些"抖音达人"可以利用粉色量多的优势承接广告业务，然后将广告植入自己的短视频中进行营销。通常企业品牌会邀请"抖音达人"定制具有创意且与企业品牌相符的短视频，然后带动更多用户点赞，并引发传播热潮，如图1-15所示。

"达人"营销就是借助"网红"本身的粉丝流量向抖音转移，以达到扩充营销能力的效果。2017年底，抖音还曾为抖音"网红"举办了庆祝会，宣布将投入3亿美元来帮助他们

图1-14 开屏广告

图1-15 "达人"营销

"涨粉"。这一举动为抖音吸引了更多其他短视频平台"达人"甚至直播平台"达人"的入驻。同时，抖音斥资打造自己的"达人"，提出"只要你有创意，只要你够实力，抖音愿意与你一起成长"的口号。

【小抖知道】

只要你有创意、够实力，抖音就愿意将你推到舞台中间去。主播因为发布的短视频被一些视频公司看中并签约，通过几个爆款内容从"草根"变成"网红"的例子不在少数。

3. 建立抖音企业官方账号

抖音的火爆不仅吸引了个人，还吸引了越来越多的品牌企业入驻抖音。这些品牌企业通过短视频与年轻用户沟通，传递品牌趣味性、实用性、娱乐性的一面，从而吸引用户再转变成粉丝。支付宝、京东、天猫、小米、滴滴、腾讯等品牌已经开始了抖音运营，甚至连传统的企业都开通了抖音号，图1-16所示是"西安居然之峰装饰工程有限公司"的抖音号。

图1-17所示的是支付宝将运营部的日常生活和支付宝的功能编辑成"段子"，放在抖音上，吸引了不少粉丝关注。

图1-16 "西安居然之峰装饰工程有限公司"的抖音号

图1-17 "支付宝"抖音号

4. 找到能引爆用户的热点话题

抖音会定期推出热门视频、热门话题，品牌企业可以将产品和热门话题结合起来，找到一个能引爆用户的热点话题。若话题是受众切实关心的，就能够引发强烈共鸣。

小米9的代号为"战斗天使"，小米手机抖音号发起的话题"百万寻找战斗天使"，短短时间内播放次数超过21亿次。参与该话题的方法十分简单：2019年2月20日到3月11日期间，在抖音上传个人的才艺视频，加上话题"#百万寻找战斗天使#"，就有机会瓜分百万大奖。这个活

第 **1** 章　初识抖音：短视频营销的前世今生

动吸引了很多抖音用户参加，如图1-18所示。

图1-18　小米手机爆点话题

1.3.4　抖音常用的几大功能

下面介绍抖音常用的几大功能。

1. 同城功能

抖音首页中"推荐"功能旁边是"同城"功能。比如主播在天津，"同城"功能区就自动显示为天津，粉丝除了可以看首页推荐，还可以看自己所处的城市有哪些美食、景点、文化、玩乐，发生了哪些好玩、有趣的事，如图1-19所示。

图1-19　"同城"功能

2. 可设置"谁可以看"

"谁可以看"有"公开""好友可见""私密"三种观看权限，如图1-20所示。如果抖音主播只想让自己的信息被好友看见，让好友感到自己是被"特别对待"的，就可以将"谁可以看"设置成"好友可见"，如此可加深好友的黏性。

3. "关注"界面

在抖音"关注"界面中，用户可以查看自己所关注的好友。同时，经过几次更新优化后，抖音的界面形式已经接近微信朋友圈，进一步强调了互动的重要性，如图1-21所示。

图1-20　设置"谁可以看"　　图1-21　"关注"界面

17

4. 消息功能

抖音目前有消息私信功能，在"消息"界面中用户可以和好友发送私信。消息功能支持表情和图片的发送。粉丝可以通过这个功能与主播更进一步地互动，主播也可以在私信中回复粉丝，增强抖音主播与粉丝之间一对一的互动，如图1-22所示。

图1-22 消息私信功能

5. 热门直播功能

粉丝关注抖音主播账号后，久而久之就会产生粉丝心理，希望与对方有更进一步的接触。而抖音直播功能则满足了粉丝、抖音主播双方的需求，既加强了双方的互动，又能把更多的粉丝留住，如图1-23所示。

6. 好友分享

目前，抖音在对外分享上主要有私信好友、微信朋友圈、微信好友、QQ空间等路径，如图1-24所示。

图1-23 直播　　　　　图1-24 好友分享

1.4 思考题

（1）短视频营销有哪些优势？

（2）抖音火爆的原因有哪些？

（3）抖音常见的几大功能是什么？

第 **2** 章

注册抖音：玩好抖音的第一步

抖音短视频由于视频时间较短、注册和拍摄简单等特性，受到了广大年轻人的青睐。抖音能在如雨后春笋般出现的短视频App中脱颖而出，其社交平台的属性和玩法是功不可没的。注册抖音是玩好抖音短视频的第一步。本章就来介绍抖音App的安装、账户注册和安全设置。

2.1 下载并安装抖音App

如何在手机上下载并安装抖音短视频App（简称"抖音App"）呢？用户可以在手机自带的应用市场（每款手机叫法可能不同）找到抖音短视频App并下载。

安卓操作系统的手机下载和安装抖音App的过程如下。

步骤 01 找到手机里面的"应用市场"，如图2-1所示。点击"应用市场"图标，在打开的界面中搜索"抖音短视频"，搜索到抖音短视频App，点击"安装"按钮，如图2-2所示。

图2-1 找到"应用市场"

图2-2 搜索"抖音短视频"

步骤 02 观察安装进度条，如图2-3所示。当安装完成后，即显示"打开"按钮，如图2-4所示。

步骤 03 退出应用市场，即可在手机桌面上看到抖音短视频App图标，如图2-5所示。

图2-3 安装进度条

图2-4 显示"打开"按钮

图2-5 抖音短视频App图标

苹果手机下载和安装抖音App的过程如下。

步骤 01 点击App Store图标，如图2-6所示。
步骤 02 点击下方的"搜索"，如图2-7所示。
步骤 03 在搜索栏中输入"抖音"，如图2-8所示。

第 2 章 注册抖音：玩好抖音的第一步

图2-6 点击App Store　　　图2-7 点击"搜索"　　　图2-8 输入"抖音"

步骤 04 选择"抖音短视频"，进入下载界面，点击下载图标，如图2-9所示。下载完成后开始安装，如图2-10所示。

步骤 05 安装完成后，"抖音短视频"App图标会出现在手机桌面上，如图2-11所示。

图2-9 点击下载图标　　　图2-10 开始安装　　　图2-11 抖音短视频App图标出现在桌面上

2.2 注册抖音账号

注册抖音账号是玩好抖音短视频App的第一步。注册抖音账号是一件简单的事情，用户也可以直接用微信、QQ、微博、今日头条等第三方账号登录。

2.2.1 正确注册是抖音运营的第一步

注册抖音账号的具体操作步骤如下。

步骤 01 启动抖音短视频App，跳转到"密码登录"界面，在"密码登录"界面中输入手机号码，并点击"获取验证码"，如图2-12所示。

步骤 02 界面提示输入短信验证码，等待短信验证码，如图2-13所示。

图2-12 点击"获取验证码"

图2-13 等待短信验证码

步骤 03 收到验证码短信后，输入验证码，点击下方的"对钩"，即可完成登录，如图2-14所示。

步骤 04 如果在60秒内未完成输入或验证码输入错误，点击"重新发送"即可，如图2-15所示。

图2-14 输入验证码

图2-15 点击"重新发送"

步骤 05 除此之外，登录界面中还提供了其他几种登录方式，即以今日头条、QQ、微信和微博等第三方账号登录。以QQ登录为例，只需点击相应图标即可，但是官方还是建议使用手机号登录，如图2-16所示，单击"继续"，进入图2-17所示界面，然后点击"授权并登录"即可。

图2-16 以QQ登录为例

图2-17 点击"授权并登录"

2.2.2 抖音号昵称

一个好的品牌名称可以使消费者对品牌有一个较高的认知度。抖音号也是一个品牌，所以，抖音号昵称非常重要。什么样的昵称才是好的？

第一，易记。一般要具备简短、顺口、简单三个特点。

第二，易理解。如果粉丝理解不了你的昵称，那么抖音号的成长就可能受到较大的影响。

第三，易传播。易传播是抖音号成长的关键。一个易传播的抖音号昵称最重要的就是能够使人产生联想。

怎么设置自己的抖音号昵称呢？具体操作步骤如下。

步骤01 进入抖音App主界面后，点击右下角的"我"，然后点击"编辑资料"，如图2-18所示。

步骤02 进入编辑个人资料界面后，点击"昵称"，如图2-19所示。

步骤03 昵称修改成功后，点击右上角的"保存"，如图2-20所示。个人资料保存好后，就可以看到已改好的新昵称了。

图2-18 点击"编辑资料"

图2-19 点击"昵称"

图2-20 修改昵称

如果实在不知道怎么取昵称，建议看看同行和热门的视频，看看别人是怎么取昵称的，你就知道自己的昵称该怎么取了。一定要记住，不管昵称怎么取，一定要易于传播，让人不反感，并且容易记忆。

2.2.3　抖音号签名

虽然抖音号签名只有几十个字，但非常重要。它不仅仅代表着主播的身份特点，还会影响最终的传播效果。因此，在写签名时需要考虑以下三点。

（1）告诉粉丝抖音号是干什么的。

（2）找到一些特色关键词。

（3）不要有生僻字。

例如，抖音号昵称为"东拉西扯话投资"的用户，其签名就符合了这三点，其签名内容为"最新的投资和理财资讯"，将自己的服务项目做了提炼，关注该抖音号可以了解很多关于投资和理财的专业知识，有需要的粉丝自然就会关注他。图2-21所示为修改抖音号签名的界面。

图2-21　修改抖音号签名

2.2.4　抖音号头像

头像是别人识别你的一个途径，也是你个性展示的一种手段。头像在互联网时代往往会给人留下第一印象。

【小抖知道】

抖音号头像的选择标准如下。

第一，个人抖音号头像最好使用自己的正面自拍照或正面全身照。

第二，企业抖音号头像最好用企业的商标图案或者有品牌名字的图案。

第三，头像必须让人产生好感，能让人记住，特别是对于潜在粉丝，如果头像让人产生反感，潜在粉丝很可能会拒绝关注。

第四，符合自己的风格定位。不管是用自己的真实照片还是使用其他图片作为头像，最重要的是要统一风格。

第五，抖音号头像一定要清晰，千万不要使用模糊不清的头像。

第 2 章　注册抖音：玩好抖音的第一步

设置抖音号头像的具体操作步骤如下。

步骤 01 在编辑个人资料界面，点击更换头像图标，如图2-22所示。
步骤 02 在弹出的界面中点击"相册选择"，如图2-23所示。
步骤 03 从相册中选择一张图片作为头像，如图2-24所示。

图2-22 点击更换头像图标

图2-23 点击"相册选择"

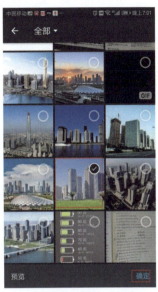
图2-24 选择一张图片作为头像

步骤 04 选择完成后，点击"确定"按钮，如图2-25所示。
步骤 05 裁剪图片，裁剪完成后点击"完成"，如图2-26所示。更改后的头像如图2-27所示。

图2-25 点击"确定"按钮

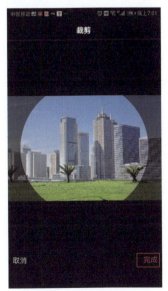
图2-26 裁剪完成

图2-27 更改后的头像

2.3 安全设置很重要

用抖音做运营，账号是否安全呢？应该怎样提高账号的安全性？利用手机安全软件进行定期扫描和病毒查杀是有效的手段之一，如图2-28所示。

2.3.1 设置抖音密码

很多用户是用手机验证码直接快速登录抖音账号的，并没有设置密码，那么如何设置抖音账号密码呢？下面讲解设置密码的具体操作步骤。

图2-28 手机安全扫描与病毒查杀

步骤 01 打开抖音短视频App后，在"我"界面中点击右上角的菜单图标，如图2-29所示。
步骤 02 在菜单中点击"设置"，如图2-30所示。
步骤 03 打开"设置"界面，点击"账号与安全"，如图2-31所示。

图2-29 点击右上角的"菜单"　　图2-30 点击"设置"　　图2-31 点击"账号与安全"

步骤 04 打开"账号与安全"界面，点击"抖音密码"，如图2-32所示。
步骤 05 进入"设置新的登录密码"界面，在文本框中输入登录密码，密码要求为8~12位，至少包含字母、数字、符号中的两种，如图2-33所示。

第 2 章 注册抖音：玩好抖音的第一步

图2-32 点击"抖音密码"

图2-33 设置登录密码

2.3.2 身份实名认证

想要提高抖音账号的安全性，或者是想要开通抖音直播，都需要进行身份实名认证。在抖音App里进行身份实名认证的具体操作步骤如下。

步骤01 在"账号与安全"界面中找到"实名认证"，如图2-34所示。

步骤02 打开"实名认证"界面，输入真实姓名和身份证号，点击"开始认证"，如图2-35所示。

图2-34 实名认证

图2-35 "实名认证"界面

步骤03 在弹出的界面中点击"确认认证"，如图2-36所示。

步骤04 系统进入"芝麻认证"界面，选中"我已阅读并同意认证服务协议"，然后点击"开始认证"，如图2-37所示。

步骤05 提示"开始认证"，点击"打开"即可打开支付宝进行认证，如图2-38所示。芝麻认证过程很简单，只需要将面部对准人脸识别框即可在5秒内完成认证，不需要进行其他操作，认证结束后耐心等待结果，系统在2分钟内即可完成认证并显示结果。

27

图2-36 确认认证　　　图2-37 点击"开始认证"　　　图2-38 芝麻认证

用户还可以进行"人工认证",进入人工实名认证界面后,依次填写"真实姓名""身份证号""手机号码"。然后按照模板拍摄并上传本人手持身份证的照片,并点击"提交审核",如图2-39所示。

图2-39 人工认证

【小抖知道】

身份实名认证有什么用?

1. 增加账号可信度

账号通过实名认证之后更有利于抖音官方对个人身份的辨识,系统在进行相关流量分配或人群推荐的时候也更智能,用户也更有机会看到适合自己看或者自己想看的内容,找到兴趣相似的人。

2. 有机会获得推荐

在抖音短视频上经过实名认证的账号,无论是个人账号还是企业账号,都是受到官方优待的,其所发布的内容也更容易在系统筛选中受到重视。

3. 更容易找回账号

如果账号被别人盗取,因为账号经过实名认证,更容易找回。经过实名认证的账号更不容易被人盗取。

2.3.3 账号绑定

目前抖音官方支持的常见绑定平台有微信、QQ、新浪微博、今日头条和西瓜视频。如果在抖音中绑定了今日头条账号，就可以把视频同步到今日头条上。绑定账号的过程比较简单，这里用今日头条账号来绑定抖音账号为例进行说明，具体操作步骤如下。

步骤01 在"账号与安全"界面中点击"第三方账号绑定"，如图2-40所示。在跳转到的界面中点击"今日头条"，如图2-41所示。

图2-40 点击"第三方账号绑定"　　图2-41 点击"今日头条"

步骤02 打开"抖音短视频"界面（需要提前确保安装了相应的App且处于登录状态），点击"授权并登录"，如图2-42所示。

图2-42 点击"授权并登录"

步骤03 提示绑定成功,点击"开启同步",如图2-43所示。

步骤04 绑定成功后即可显示"今日头条"账号昵称,如图2-44所示。

图2-43 绑定成功

图2-44 显示"今日头条"账号昵称

2.3.4 更换已绑定的手机号

许多"抖友"为了保护自己的抖音账号安全,都会绑定自己的手机号,抖音账号绑定手机号可以方便登录和修改密码。但是如果不用这个手机号了想更换怎么办?下面介绍怎么更换已绑定的手机号,具体操作步骤如下。

步骤01 在"账号与安全"界面点击"手机绑定",如图2-45所示;界面中提示是否更换已经绑定的手机,若确定更换则继续点击"更换",如图2-46所示。

图2-45 点击"手机绑定"

图2-46 更换已绑定的手机

第 **2** 章 注册抖音：玩好抖音的第一步

步骤 02 打开"更改绑定手机"界面，输入当前手机号，如图2-47所示。当验证码发送至手机后，在60秒内输入验证码并点击界面下方的"对钩"，完成验证，如图2-48所示。

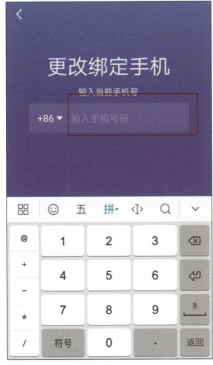

图2-47 输入当前手机号

图2-48 输入验证码并完成验证

步骤 03 在"输入新的手机号"界面中输入新的手机号，同样点击界面下方的箭头，如图2-49所示，重复上一步的验证过程即可。

步骤 04 如果新的手机号被其他抖音账号绑定过了，则会弹出绑定失败提示，如图2-50所示。

图2-49 输入新的手机号

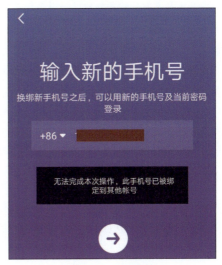

图2-50 绑定失败

2.4 抖音企业号认证

抖音企业号认证是针对企业组织的认证方式，一般来说企业品牌运营抖音号会选择认证企业号。企业通过抖音的企业号认证后，再去做宣传和推广，不仅可以提高曝光率、扩大影响力，而且能与年轻用户直接沟通，为品牌营销方式年轻化做好铺垫。

2.4.1 抖音认证企业号优势

认证企业号作为开启抖音营销的重要一环，有以下一些优势。

1. 官方认证标识

企业账号经认证后拥有的官方蓝V标识、企业品牌头像、认证名称都可以提高品牌的权威性。所以企业在注册抖音时一定要将自己的信息填写完整，且保证正确。

2. 全昵称搜索置顶

企业账号经认证后，在全昵称搜索时，能够被置顶推荐，意味着在众多抖音号中第一时间就能被准确搜索到，再也不怕被人冒充。

3. 关联多平台

抖音短视频与今日头条、火山小视频等平台都有合作，平台间身份与权益同步，认证抖音企业号可享受三大平台的认证标识和专属权益。经认证的企业账号可以通过账号关联的方式将认证信息同步至另外的平台。

【小抖知道】

企业号本身具有独特的权益。一个品牌想入驻抖音，第一步需要认证，抖音企业号认证主要是抖音针对企业提供的内容加营销的平台。如今，短视频营销已经成为主流的营销模式，抖音已经成为企业在短视频平台进行营销的主要阵地。

企业在其他平台营销获得流量的难度和成本已经越来越高，而在抖音，企业可以通过零成本实现营销目标和提供商业服务，这对于中小企业来说是非常好的营销渠道。

2.4.2 申请企业号认证

申请企业号认证的具体操作步骤如下。

步骤01 在"账号与安全"界面点击"申请官方认证"，如图2-51所示。
步骤02 打开"抖音官方认证"界面，点击下方的"企业认证"，如图2-52所示。

第 2 章 注册抖音：玩好抖音的第一步

图2-51 点击"申请官方认证"

图2-52 点击"企业认证"

步骤 03 打开"企业认证"界面，点击"开始认证"，如图2-53所示。

步骤 04 将准备的资料按要求上传，然后填写相关的信息，提交申请并支付费用就可以申请企业认证，如图2-54所示。

图2-53 开始认证

图2-54 按要求上传资料

33

【小抖知道】

一般来讲很多企业品牌在进行短视频营销时,只是一次性投放,视频传播过后只能留下曝光数据。如果没有企业号,就无法把粉丝引流到自己的企业品牌营销阵地里,而有了企业号这种载体之后,可以把通过曝光带来的用户真正地沉淀下来成为自己的品牌粉丝。积累的粉丝数量越多,营销的成本越低。

2.5 思考题

(1)如何分别在苹果操作系统手机和安卓操作系统手机下载安装抖音App?
(2)在写签名时需要考虑哪些方面?
(3)抖音头像的选择标准有哪些?
(4)怎样设置抖音密码?

第3章

内容创作：抖音推荐算法与内容定位

做任何运营都需要定位，抖音也不例外。运营抖音的定位就是对内容的定位，简单说就是确定在抖音里做什么。想要在众多抖音号中脱颖而出，必须有特色才行。做好内容定位，同时还必须了解抖音推荐算法。本章就来介绍抖音推荐算法和内容的定位。

深入了解抖音推荐算法

了解了抖音的算法机制及推荐规则以后,如果能据此对视频内容做出调整,抖音短视频被其他用户看到并且走红的概率会增加。

3.1.1 抖音推荐算法的好处

不管是在微信公众号、博客还是微博,如果没有粉丝,发布的内容基本也没有人关注。但是在抖音平台上,哪怕没有任何名气、没有一个粉丝,只要在抖音平台发布视频,平台就会自动分配精准流量给抖音账号,为抖音主播带来曝光量,如果视频创意足够好,可以在短时间内吸引大量点赞。

抖音推荐算法有以下好处。

(1)让每一个有能力产出优质内容的用户,得到与"抖音达人"公平竞争的机会。
(2)遏制了各类劣质视频的发展,视频内容不过关就会被淘汰。
(3)优质的、垂直细分类的视频内容更受用户欢迎,能得到平台的大力推荐。
(4)帮助优质用户优化视频,给予各种福利政策使其获得更多曝光与关注度。

3.1.2 抖音推荐算法

抖音的流量分配是去中心化的,这种去中心化算法让每个人都有机会获得关注。抖音的推荐算法逻辑可以分为以下几部分。

1. 流量池

抖音平台的流量分配采用去中心化流量分配机制,平台会给每一个作品分配一个流量池。刚开始时,即使抖音号没有任何粉丝,也会获得系统分配的流量;平台前期会给一个新视频大约100的推荐量,如果视频质量好,在流量池表现好,那么平台将会把视频推送给更多的用户。

2. 叠加推荐

叠加推荐是指抖音平台会给新视频分发100左右的推荐量,转发量超过一定的数量,系统就会自动判断这个视频是很受欢迎的,会自动对该视频进行加权。比如转发量超过30,系统就会叠加推荐量到500,转发量达到300,系统会持续叠加推荐量到5000,以此类推。因此,用户在发布抖音视频的时候也要多引导粉丝进行留言评论。

3. 热度加权

抖音中的热门视频基本都达到了数百万的播放量,其完播率、点赞量、评论量、转发量4项数据都是很高的。视频只有经过大量粉丝的点赞、评论、转发,被层层热度加权之后才会进入抖音的推荐内容池,此时平台会自动给该视频10万的推荐量,甚至会给100万以上的推荐量。

视频热度的评判标准包括以下两方面。

(1)热度权重的参考次序:转发量 > 评论 > 点赞量。

（2）一个视频的热度维持期为一周，周期特别短，用户为了维持多而稳定的流量，必须要做到内容的持续更新，且推出的视频还得非常受欢迎。

> **提示 Tips** 最后需要做的就是了解用户的心理需求，这是极其重要的。只有了解需求、引起共鸣，才能抓住用户，这样拍摄出来的视频才会有更多的用户观看，才能进入抖音推荐内容池。

3.1.3 推荐算法的核心

完播率、点赞量、评论量、转发量是抖音推荐算法的核心。在视频描述里，要引导其他用户主动点赞、评论、转发。

（1）完播率。一个视频能否持续被推荐，非常重要的因素是要其他用户把视频完整地看完，视频被完整播放的次数与视频被播放的次数的比值就是完播率。完播率越高，系统推荐率就越高。在视频描述或视频开头写上"一定要看到最后"就是为了提升完播率的体现。

（2）点赞量。点赞量多证明作品好，决定视频能否登上热门的因素中，点赞量就是一个非常重要的因素。用户可以与亲朋好友组建真人抖音互赞群，互相点赞、转发、评论，以达到抖音叠加推荐的基本条件。

（3）评论量。评论视频的人越多，就证明视频的内容越好。主播可以在视频描述中设置一些互动问题，引导粉丝留言评论，提升评论量。主播要及时回复粉丝评论，提炼视频核心观点，引导更多粉丝参与到话题讨论中来，提升评论量。比如"看你能笑到多少分"就能引导粉丝评论，如图3-1所示。

图3-1 引导粉丝评论

（4）转发量。转发的人越多，传播的范围就越广，叠加推荐的概率也就越大，如图3-2所示。

图3-2 转发量

3.2 做好内容是前提

随着抖音平台不断成熟，粉丝喜欢的是有品质的内容、有内涵的原创内容，能够满足粉丝需求的内容对粉丝来说才有价值。主播只有持续生产有价值的内容才能留住粉丝，赢得信任和口碑。内容缺乏竞争力，粉丝很快就会流失。

内容是主播"涨粉"的核心，也是主播获得平台流量的核心。在抖音，什么样的内容就会吸引什么样的群体。内容直接决定了定位，决定了目标人群，决定了变现的能力。

"内容为王"的道理大家都懂，内容的重要性主要体现在以下3个方面。

1. 内容的原创性

在抖音平台上，抖音账号只有原创才能生存。

2. 内容的专业性

立足于某一个专业领域，专心服务于目标粉丝，才能在抖音平台上有立足之地；没有优质、专业的内容，迟早会被抖音平台和粉丝抛弃。

"口红一哥"李佳琦凭借口红试色收获了不少粉丝，他运营的内容主要是提供口红等化妆品的选购，目前他的粉丝已经超过2000万。对于口红等彩妆的广告来说，把效果呈现给消费者是最直接有效的方法，当广告载体从图文转移到视频时，广告的说服力就更强了。

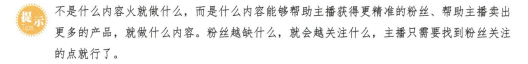

3. 内容的数量

不少抖音主播仅靠一两条受欢迎的短视频就获得了数十万的点赞量和大量粉丝。但是如果想要长远发展，只靠一两个受欢迎短视频是远远不够的。所以，建议有能力的主播，策划好内容，每天录制一些短视频，一定要保持内容更新的频率，累积内容数量。

3.3 什么内容的短视频容易成为热门

目前，不是随便拍个短视频就能成为热门的，什么内容的短视频更容易成为热门呢？

> 提示 Tips：不是什么内容火就做什么，而是什么内容能够帮助主播获得更精准的粉丝、帮助主播卖出更多的产品，就做什么内容。粉丝越缺什么，就会越关注什么，主播只需要找到粉丝关注的点就行了。

3.3.1 才艺表演

才艺表演是指通过剧情表演、音乐、舞蹈等方式展现出来的一种内容。抖音刚刚进入市场推广时，就是到各大高校艺术社团做宣传，因此奠定了一定的艺术类人群基础。特别是音乐和舞蹈类的内容，更能吸引粉丝的关注。图3-3所示的琵琶行舞蹈短视频，获得了180多万的点赞量，3.1万的评论量，9.8万的转发量。

不过才艺类短视频对内容的要求高，表演能力要强、音乐要好听、舞蹈要好看，没有这方面才能的人是无法做这类视频的。

图3-3 才艺表演

3.3.2 搞笑内容

搞笑类的内容，覆盖范围广，几乎所有的粉丝都可能关注。搞笑类的内容包括讲笑话、冒傻气、搞笑情景剧等。抖音最主要的使用场景是粉丝在碎片化时间里的消遣，当粉丝看了视频后捧腹大笑时，点赞就成为一种顺其自然的奖赏行为。因此搞笑类的视频内容也容易上热门。

与其他类型短视频相比，搞笑类视频的内容要求更高，必须有笑点，让人看了立刻就有点赞和转发的欲望。

> 主播可以借用其他短视频平台现成的搞笑内容进行表演,因为这些内容本身就有笑点,表演时再夸张一些,很容易让人捧腹大笑,引起更多的转发、评论和点赞。但不是直接将现成的视频拿过来发抖音,而是模仿内容进行表演,如果模仿得非常逼真或者另有一番味道,效果会非常不错。

图3-4所示的抖音号主播就是搞笑类的抖音主播,该主播在抖音上发布了60多个搞笑视频,吸引了大量粉丝的关注。

图3-4 搞笑内容

3.3.3 颜值

颜值高的抖音主播更容易在第一时间获得粉丝的好感,粉丝往往会对其视频点赞,重复观看其视频的意愿也更高,评论互动的动力也更强。有很多高颜值的主播仅仅是翻拍了一个动作或者跳了段舞蹈就收获了几百万点赞量。

3.3.4 特色景点

抖音也带动了特色景点的发展,这些景点带给人美的享受,令人向往,很容易引起粉丝的关注。毕竟不是每一个景点大家都去过。

2018年劳动节期间重庆洪崖洞成为新晋"网红"景点,热度跃升至全国第二,仅次于故宫。火爆的不仅是洪崖洞,李子坝穿楼轻轨、重庆磁器口古镇、解放碑、朝天门以及长江索道等也都成为"抖友"的旅游目的地。

重庆原本就是"网红"城市,抖音中自然少不了重庆的景区,洪崖洞夜景非常有名,吸引了不少网友特意来这里录制视频,如图3-5所示。

 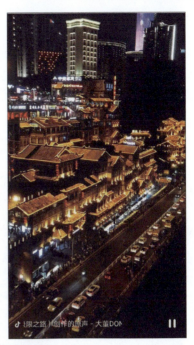

图3-5 特色景点洪崖洞

2018年春节期间,西安超过成都、杭州等城市,名列全国十佳旅游目的地第三名。西安大气绚丽的夜景在抖音上很抢眼,唐风古韵的西安夜景太美了,这得到了广大"抖友"的一致认可。抖音带火了大唐不夜城,每天来这里的人不计其数,如图3-6所示。

图3-6 大唐不夜城

3.3.5 正能量

正能量的内容很容易引起大家情感上的共鸣，易于引起"抖友"自发转发。这类内容逐渐开始流行起来，是上升速度很快、"吸粉"效率特别高的一类内容。

这类内容容易引起粉丝的共鸣，再配上暖心的文案，会让粉丝有认同感并持续关注该主播，粉丝的黏性更强。

图3-7是杭州市公安局官方抖音账号"杭州公安"发布的一系列正能量短视频，共计获得1000多万点赞量，正能量满满。

 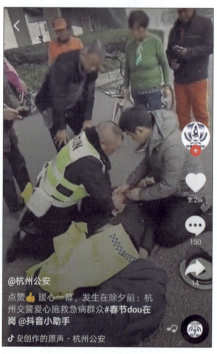

图3-7 正能量

3.3.6 实用技术

实用技术类视频在抖音上一直非常受欢迎，各类实用培训教程、资源集合、美食类教学、生活技巧等视频都属于此类视频。虽然这类视频的粉丝规模有限，但内容更加精准，可以带来更多转化。这类视频很好地利用了用户的收藏心理，人们总想着"先点赞收藏，未来可能会用得上"。只要主播有一项还不错的技能，都可以拍成视频。

无论用户是什么身份，都会与美食发生交集。在抖音上也有很多火爆的美食类视频，很多年轻用户不会做饭却想学做饭，步骤简单、菜式精致、看起来色香味俱全的菜肴更适合他们。图3-8所示的昵称为"喂谷美食记"的抖音账号发布的短视频，详细讲述美食制作流程，这类短视频的实用性较高。

第 3 章　内容创作：抖音推荐算法与内容定位

图3-8　实用美食技术

> **提示 Tips**　用户就喜欢实用的内容，最好看完视频马上就能用上。实用性也是视频受欢迎的关键因素之一。

3.4　抖音定位

不少曾经火爆过的抖音视频或者抖音号，目前已经没人看了，为什么会出现这种情况呢？因为这些主播都忽略了一个重要的问题——定位。主播对抖音号定位越清晰，在运营抖音号的时候才会更轻松。

3.4.1　定位一定清晰，垂直化发展

一个抖音号只定位一个领域的内容，垂直化发展。比如主播会唱歌跳舞，就定位为才艺达人；主播会做饭，就定位为美食达人；主播是行业权威专家，就定位为行业"大咖"；主播会搞笑，就定位为"段子手"等。

> **提示 Tips**　运营抖音号别想着走捷径，踏踏实实创作与定位领域相关的优质内容才是正确的选择。

清晰定位之后，接着就是垂直化发展，持续更新，只更新跟当前定位的领域相关的内容。这样运营抖音号更轻松，操作门槛相对低，也更有利于后期运营时涨粉、引流、变现。

运营抖音号切忌什么都做。现在抖音平台很重视垂直细分类的内容。一旦做好定位，接下来就是坚持，坚持不断优化内容是关键。图3-9所示的抖音号定位就比较清晰。

同样100万粉丝的搞笑类抖音号和垂直细分类抖音号，在广告报价上搞笑类抖音号是几千元到几万元，垂直细分类抖音号是几万元到十万元，如果以每月商业收入来看，垂直细分类抖音号收入往往会高出搞笑类抖音号十倍左右。同样拥有百万粉丝，垂直细分类抖音号的商业价值更高。娱乐内容的特点是内容普适性强、传播力强，所有人都可以看娱乐内容，观看这些内容是大家消磨时间的途径。垂直细分领域内容的特点是每个领域的内容差异性强，每个领域的用户都有至少一个共性标签。账号定位越精准、越垂直，越能精准吸引粉丝，变现越轻松，获得的精准流量就越多。

图3-9 定位清晰

3.4.2 最大化地锁定自己擅长的领域

想要让自己的抖音号持续火爆，首先就要客观地审视自己，必须清楚自己擅长的领域，锁定一特定领域。

怎样发现自己擅长的领域呢？有以下方法可以参考。

1. 先梳理自己最喜欢的是什么

有些人喜欢的领域很多，例如旅游、美术、音乐、舞蹈、美食等，这就需要找到自己最喜欢的领域。好好审视自己，想清楚自己做过的哪些事情是被别人赞扬最多的，做这些事情很可能就是你的专长。

2. 全身心投入、忘却自我去做的事情是什么

只有去做了，才知道自己是不是真的喜欢和擅长。如果你能全身心投入、忘却自我地去做一件事情，那么，这就是最适合你的。想要擅长做某件事情，需要经营，需要付出时间和精力。

有的抖音主播舞蹈跳得特别好，无论是在KTV还是在休闲广场，有时候一跳就是几个小时，每天都坚持发视频，这样的主播自然会得到人们的喜爱。

3. 学得比别人快的天赋是什么

每个人的时间和精力有限，在自己有天赋的领域发展，会更容易获得成功。简单来说，就是做一件事要有悟性，可能别人用十天还不一定做好的事情，你只需两天就能完成，而且做得比别

人还要好。

图3-10所示昵称为"松闵鞋店"的抖音号,仅从名字上就可以看出这是一个鞋店类抖音主播。她在短时间内就拥有了11.3万粉丝,获赞高达26.7万。这个抖音号的定位是卖鞋,主播在线下有一家实体鞋店。在抖音上有很多卖鞋的主播,他们为什么没有火起来呢?因为他们没有在擅长的领域发挥出优势。而这位"松闵鞋店"主播擅长卖女鞋,而且凭借独特的挑选鞋子款式的眼光,在视频中给粉丝呈现出了时尚潮流,因此,获得了很多粉丝的点赞。

这位抖音主播坚持拍摄视频,定期更新视频,在第一时间给粉丝带去最新的信息。所以,找到自己擅长的领域,借助抖音这个平台呈现自己的优势和特色,才是引流的重要前提。

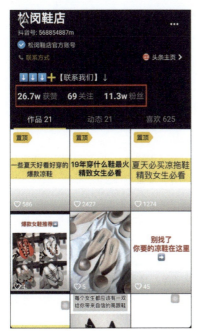

图3-10 松闵鞋店

3.4.3 你的抖音号脱颖而出的点在哪儿

在抖音上粉丝超过百万的大号有很多,作为一个新手,该如何引流呢?在抖音中想要粉丝达到百万以上,视频内容必须要具备差异化的特点,利用垂直细分领域的知识,用相对稀缺的技能建立自己的优势,形成差异化,了解自己与其他抖音主播的区别和优势,这样才能脱颖而出。

1. 分析抖音大号,找到差异化切入点

首先找到那些火爆的抖音大号,分析他们的视频为什么能火,找到他们的特点和优势。

以昵称为"老爸评测"的抖音号为例,如图3-11所示。该主播的背景是国际化学品法规专家,有多年出入境检验检疫局实验室检测的工作经验。该主播的视频内容主要是用科学的方法来分析一些热门护肤品、食品的成分表以及儿童用品如何选择等,最终选出一些推荐品牌。主播的专业背景、科学的检测仪器、透明的检测结论,也给这个抖音号增加了可信度,同时建立了自己的优势,形成差异化。

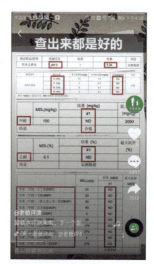

图3-11 分析抖音大号，找到差异化切入点

2. 根据品牌文化做抖音

企业在抖音发短视频时，如果想要用差异化的内容吸引粉丝，必须要根据品牌文化制订长远的推送计划。深挖品牌元素，通过抖音提升品牌影响力成为众多品牌的新诉求，这是不少目前正处于品牌成长期和建设期的企业想要尝试的方向。

为了吸引粉丝，提高粉丝和企业抖音号的黏性，"宝丰酒业"利用抖音号并根据自己的品牌文化，做了一个非常特别的定位。河南名酒宝丰酒业在企业成立70周年之际，希望在传承其品牌历史的同时，能通过抖音提升品牌影响力，让品牌渗透更多的年轻群体。宝丰酒业借助其和宝丰县高度关联的优势，通过挖掘宝丰县历史文化塑造企业品牌形象。图3-12所示为宝丰酒业抖音号。

同时宝丰酒业通过抖音平台发起"这种清香很撩人"活动，将企业品牌元素与年轻时尚结合在一起进行联动营销，赋予宝丰酒业新的活力。挑战赛上线短短几天，就吸引了几万人参加，视频总播放量高达2.7亿次，如图3-13所示。

图3-12 宝丰酒业抖音号　　　　　　　　图3-13 发起活动

另外，宝丰酒业还在抖音平台投放开屏广告，结合信息流和专题活动，助力品牌信息的多维度触达。宝丰酒业还在宝丰县打造了一场万人级的线下嘉年华活动，集吃、喝、玩、乐于一体。在这里，参与者可以自己动手做鸡尾酒，可以跟随"尬舞机"一起热舞，可以拍摄抖音视频，可以参加互动游戏赢大奖，如图3-14所示。

图3-14 宝丰酒嘉年华

3.4.4 尽量原创，不要"搬运"

很多抖音新手为了省事，经常"搬运"别人现有的视频内容，事实证明效果非常差。即使积累了一定量的粉丝，也难以拥有自己的核心竞争力，粉丝也没有很强的黏性，进而影响自己后期的变现。运营抖音号想走得更远，最重要的还是依靠原创，只有拥有原创能力，才能比别人走得更稳、走得更长。

【小抖知道】

比起其他方式，原创有以下三点好处。

一是原创的利润高。

二是原创没有风险。

三是原创成功的概率大。

1. 原创内容的定位

要做好原创内容首先就要选好定位，尽量避开网络上同质化情况严重的内容，因为粉丝已经对这些同质化内容没有兴趣了。什么样的定位，吸引什么样的目标人群。所以，抖音号的定位，直接决定了主播要更新什么样的内容，也决定了抖音号的运营方向。现在的抖音视频内容大致可以分为两种：一是大众娱乐内容，如音乐、舞蹈、搞笑等；二是垂直细分类，如各行各业的培训知识、技能技术、科普知识等。

图3-15所示昵称为"面点大叔"的抖音号定位清晰，里面的视频主要是教用户怎么包饺子、包子以及制作其他面点，没有进行剪辑包装，但内容实用，短短时间内粉丝就超过了78万。垂直细分类视频的粉丝规模不会像大众娱乐类的那么大，但是其优势在于粉丝的黏性和关注度会更高，粉丝认可度以及粉丝转化率也很高。

图3-15 抖音号"面点大叔"定位清晰

2. 原创内容的突破

许多抖音主播不能坚持原创内容，主要有以下几个原因。

一是制作出来的视频与期望中的差距很大。

二是现有资金支撑不起持续的原创内容输出。

三是选题难，没有新意。

那么，如何才能解决这个问题呢？

针对第一点，要不断优化自己的作品，精益求精，不要急功近利，随手拍一拍视频就发布到平台上。

针对第二点，要及时做好变现，可以接一些广告或卖商品等。

针对第三点，可以站在粉丝的角度策划选题，也可以将选题与当前热点事件结合。

抖音平台鼓励用户上传原创短视频，对于上了精选的原创音乐短视频用户给予相应的奖励。

3. 利用热点做原创

多思考那些热门视频是如何起标题的，是如何与粉丝进行互动的，他们的内容亮点在哪里，为什么可以打动粉丝。利用热点做原创更能吸引粉丝的目光。图3-16所示为利用母亲节这个热点做的原创视频。

图3-16 利用母亲节做原创视频

3.4.5 内容的定位要满足用户的需求

无论你是做什么类型的营销或者引流，都离不开用户。了解用户之后，要思考如何让用户转化成客户，实现高效转化。在互联网大数据时代，"得用户者得天下"。抖音引流也是一样，在定位时，一定要站在用户的角度，不能不顾用户需求而自娱自乐。

1. 满足用户实际需求

很多抖音视频能够火，就是因为这些抖音视频的内容满足了用户的需求，解决了用户的问题。当然，这需要抖音主播贴近粉丝生活，发现粉丝的实际难题，然后在抖音视频中加入解决方法，给抖音粉丝带来福利。

图3-17所示昵称为"生活小妙招"的抖音号中的一些小视频都是非常实用的居家小技巧，人们学会之后可以让日常生活更加方便，提升生活质量。

图3-17 满足用户实际需求

2. 分析互联网用户需求

必须真正尊重用户，真正掌握用户需求，才能获得用户认可，实现提升或颠覆传统技术和产品的目标。做引流运营也是如此，在互联网时代，"用户需求驱动"应该成为每个人的"基因"。

发现用户需求是起点，在此基础上还要进一步对"需求"和"用户"进行分析，甄别出"真实需求"和"粉丝用户"。"真实需求"是要确定用户真正的需求是什么，而"粉丝用户"则是要找到对需求最敏感的用户。用户需求主要有以下几种。

第一种，基础需求，属于人们生活的基本需求。如果基础需求不能被满足，那么传播影响是反向的。

第二种，期望需求，即用户会觉得这个需求可以丰富日常生活，如手机可以玩游戏。

第三种，兴奋需求，这点特别重要——要让用户觉得你的这个特点或者功能超出了自身的想象，这种功能极易产生正向的口碑。

第四种，无差异需求，主要是指用户的满意度和需求实现及优化程度不相关，即无论你是否满足此需求，用户满意度都不会改变，因为用户根本不在意。

3.5 思考题

（1）抖音的推荐算法包括哪些部分？

（2）推荐算法有哪些核心点？

（3）什么内容的短视频容易上热门？

（4）怎样让自己的抖音短视频脱颖而出？

第 **4** 章

特效拍摄：短视频这样制作才有人点击

很多人花了不少时间拍摄的视频，在抖音发布几天后，播放量和点赞量都很少。为什么没人给自己的视频点赞？为什么有的舞蹈视频能获得五百万以上的点赞？为什么有的美食短视频能引起几万人评论？为什么有的短视频能吸引十几万人转发？本章将介绍拍摄短视频的技巧。了解这些技巧，拍摄的短视频才有人点击。

4.1 拍摄短视频时需要注意的问题

1. 场景问题

选择场景应遵循以下几个原则。

（1）场景要有利于表现主题。只要是清晰地呈现在画面中的场景，都应该有利于主题的表现。

（2）场景应该在色调、色彩等方面与其他画面元素协调。

（3）选择具有地方特征、季节特征的景物作为场景。另外，画面的点缀和衬托也非常重要。

（4）场景一定要简洁，懂得舍弃画面中无关的元素，否则场景就容易喧宾夺主，弱化主体。

2. 拍摄角度

在抖音中的众多短视频中，要想自己的视频吸引人，需要注意拍摄的角度，可以采用一些独特的角度，拍摄一些有趣的画面。如利用较低或较高的角度拍摄，如图4-1所示。

图4-1 拍摄角度

3. 构图问题

只有经过精心地构图，才能将主体加以强调和突出，舍弃一些杂乱且无关紧要的景物，并选择合适的景物作陪衬，从而使作品更完美。拍摄者最好有一定的摄影基础，要保证画面的美感，防止出现画面混乱、构图杂乱的问题。

4. 光线问题

光线对拍摄对象的层次、线条、色调和气氛都有着直接的影响，拍摄对象在视频中能否表现得好，很大程度取决于光线的好坏。好的光线布局可以有效提高画面质量。在拍摄人物时多用柔光会增强画面的美感，要避免明显的暗影和曝光，如果光线不清晰，可以手动打光，将灯光打在人物的脸上，或用反光板调节光线。

灯光是一种无声的语言，不同色调的灯光可以营造出完全不同的视觉效果。也可以用光线进行艺术创作，灯光有冷有暖，可以借助冷色、暖色等不同色调光源的相互搭配营造出不同的氛围。图4-2所示为用红色光束效果营造出的一种梦幻、神秘的感觉。

5. 画面切换问题

在拍摄时要注意画面切换的问题。有些视频要注意全景、远景、近景、特写的相互切换，尤其是拍摄人物时，更要注意这一点。

6. 防止抖动

拍摄时手一定要稳，不要出现摇晃抖动的情况，即使视频内容再好，抖动也会影响整体效果。最好配备一个支架，用于固定镜头；跟拍时要移动整个身体，不要移动手机，这样可以减轻视频的抖动程度。如果拍摄的视频出现抖动的情况，也可以用后期软件调整。

图4-2 利用光线营造气氛

> **提示 Tips** 视频剪辑后还要进行一定的后期制作，如添加字幕、背景音乐、滤镜等，还可以添加一些特效，不过添加特效要适可而止，不要过度添加。

4.2 抖音视频这样拍摄

为什么有些短视频很火？因为这些运营者知道怎么制作高品质的视频，封面、文案、音乐、特效的运用在制作短视频过程中一个也不能少。

4.2.1 封面：人靠衣装马靠鞍

抖音视频封面可以吸引用户点击，选择好的封面十分重要。在封面的选取上，需要结合视频内容找特点。选择的封面要体现以下含义。

（1）粉丝可以从封面中看到实用且有价值的信息。

（2）粉丝可以通过封面知道视频内容是什么。

抖音火爆之后，有很多优秀的设计师在抖音上展示自己的作品。图4-3所示的这条视频就非常火，短时间内就获得了177.4万点赞和3万条评论。

图4-3 封面吸引人

为什么这条视频能火呢？因为它的封面吸引了无数粉丝点赞。这条视频的封面是设计师本人在装修房内的图片，重点是在图片中添加了"45㎡蜗居玻璃墙设计-变身阳光复式房"文案。

> **提示** 上传视频的时候一定要选择封面，封面可以作为视频的一个吸引点，以此吸引别人点击视频。

抖音只是一个发布短视频的平台，是无法直接给图片加文字的。但是很多抖音短视频中都有文字，尤其是封面上的一些文字，特别有吸引力。这需要利用第三方软件来给视频或者封面添加文字。例如，"云美摄"就是一款第三方视频编辑软件，用户可以利用其编辑字幕、给视频添加文字等。图4-4所示就是利用"云美摄"添加字幕的效果。

图4-4 利用"云美摄"添加字幕

在给视频添加文字之后，再上传到抖音平台，在选取封面时就可以选择有文字对白的图片。这样视频封面就有了趣味，增加了吸引力。

打开抖音短视频App之后，系统默认的封面是动态效果。如果不喜欢这样的动态图，可以将封面设置为静态图，具体操作步骤如下。

步骤01 首先打开抖音短视频App，点击右下角的"我"，如图4-5所示。

步骤02 进入"编辑资料"界面，点击界面右上角的菜单图标，如图4-6所示。

图4-5 点击右下角的"我"

图4-6 点击界面右上角的菜单图标

第 4 章 特效拍摄：短视频这样制作才有人点击

步骤03 在菜单中点击"设置"，如图4-7所示。

步骤04 在"设置"界面中点击"通用设置"，如图4-8所示。

步骤05 在"通用设置"界面的上方就能找到关于封面设置的选项，系统默认启用动态封面，只需将"动态封面"右侧的开关关闭就能关闭动态封面，如图4-9所示。关闭后，视频封面就是静态图了。

图4-7 点击"设置"

图4-8 点击"通用设置"

图4-9 关闭动态封面

4.2.2 文案：一句话决定用户的点击欲望

文案是吸引用户点击视频的直观部分，文案的好坏决定用户是否会点击视频。文案对抖音视频来说非常重要，事实证明，粉丝第一时间关注的是文案。因此，想要运营好一个抖音号，就必须要具备一定的文案创作能力。

> **提示** 文案要简明扼要地切中用户真实、急切的需求，也就是需要找准用户真正的"痛点"，这样的文案才会对用户有吸引力，刺激用户进一步了解内容。

那么，如何才能策划出好的抖音文案呢？

（1）需要详细地了解所拍摄视频的各方面信息，并一一列出来，包括视频中展现的产品的尺寸、功能、价格、性能、优缺点、适用场景等。如果视频讲述的是一个故事，那么要思考这个故事想要表达的内容是什么、针对的人群是谁、寓意何在等。

（2）根据这些信息，选取一个角度，将视频的信息转化成粉丝能接受而且能直击他们内心的文字。

（3）可以参考已有的成功广告视频的文案，看看抖音上那些热门视频的文案，设计符合自己视频特点的文案。

如果对文案不满意，还可以修改文字、调整顺序等。

4.2.3 高转化率的文案编写技巧

1. 抓住用户痛点

文案一定要抓住用户的痛点,这样才有可能触动用户的内心,提高转化率。但是,怎样才能准确抓住用户的痛点呢?

了解用户的痛点不能凭空想象,抓住用户痛点的第一步就是要搞清楚自己的用户是谁,用户在哪儿,什么时间转化率更高,他们喜欢什么类型的视频,他们最想解决的问题是什么。他们为什么看这个视频。弄清楚这些问题其实不难,用心就好。

图4-10所示的这个视频获得点赞7.7万,被转发1.6万次。为什么这个视频这么火?因为它的文案"久坐酸痛怎么办"抓住了用户的痛点。对于白领来说,长时间伏案工作,常常感到臀部、腰背疼痛,所以它能第一时间吸引用户点击。

图4-10 抓住用户痛点

 在视频不出彩的情况下,好的文案或许可以扭转乾坤;在视频出彩的情况下,好的文案能起到画龙点睛的作用。

2. 营造场景

主播需要营造一个场景来让粉丝直观地了解视频想要表达的内容。例如,想要在视频中表现出一款香水,那么在文案中就需要营造出这款香水的使用场景,如约会、旅行、日常上班等场景,这样粉丝就能直观地了解这款香水的使用方法和使用场景,然后再对该视频是否值得观看进行判断,如图4-11所示。

图4-11 营造场景

3. 细节描述

细节描述可以让短视频更具感染力，同时也会增加短视频的真实感，引导用户观看。图4-12所示为用细节描述吸引用户点击。

4. 给粉丝带来价值

图4-13所示的视频吸引了43.7万人点赞，评论达7104条。它的文案内容"开学穿这5款鞋同学都羡慕你！"很有引导性，这短短十几个字，就给粉丝带来了一种隐形的价值期待——如果鞋子漂亮，那么穿起来也更有自信。

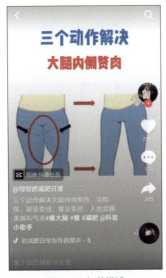

图4-12 细节描述　　图4-13 给粉丝带来价值

4.2.4 音乐：金色大厅里面也需要贝多芬的曲子

抖音是一个注重音乐的平台，用户可以通过这款软件选择音乐，拍摄音乐短视频，形成自己的作品。音乐的作用就是提升视频效果，让粉丝的情感、心理与视频内容融合在一起，感情得到升华。一个富有情感的视频一定会获得更多的转发和点赞。

> **提示 Tips**　在拍摄视频的过程中，要注意选择视频的背景音乐，音乐要与内容搭配。音乐选得好，视频播放量和完播率也会很好，原因是配乐好听，粉丝想听完再观看下一个视频。这样不仅可以提高视频的完播率，而且系统还会把视频推荐给更多的人看。

打开抖音"选择音乐"界面，如图4-14所示，会发现有搜索音乐的文本框，有推荐，也有热歌榜、飙升榜等。点击"歌单分类"后的"查看全部"，可以找到更多的分类，包括热歌榜、飙升榜、流行、新歌、SWAG、原创音乐、国风、激萌、配乐等，用户可根据自己拍摄的内容来选择，如图4-15所示。切忌只选择最流行的歌曲，而是要选择与拍摄内容协调的背景音乐，这样才会为视频增色加分。

图4-14 "选择音乐"界面　　　　图4-15 歌单分类

在制作抖音短视频时，如果大家都选用别人的音乐，会很难突出自己的风格，这时可以创作自己的原声音乐，展现独一无二的特点。

下面介绍抖音原声的制作方法，具体操作步骤如下。

步骤01 点击抖音首页下方的"+"，拍摄或上传手机中的视频，并且上传自己的原声歌曲，如图4-16所示。

步骤02 点击右下角的"我"进入个人界面，如图4-17所示。打开刚刚上传的原声视频，点击右下角的音乐按钮，如图4-18所示。

图4-16 上传手机中的视频　　　图4-17 进入个人界面　　　图4-18 点击右下角的音乐按钮

步骤03 进入创作的原声界面,点击"设置原声标题",如图4-19所示。在"设置原声标题"界面设置好原声标题,就能等待别人来跟拍所创作的原声视频了,如图4-20所示。

 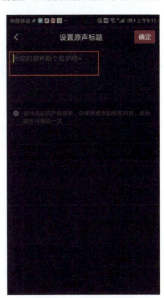

图4-19 点击"设置原声标题"　　图4-20 设置原声标题

4.2.5　特效:丰富特效打动人心

现在很多小视频都有精彩的特效,给用户带来丰富的视觉体验。在抖音上传或者拍摄视频时,可以选择抖音自带的特效。点击视频左下角的"特效",如图4-21所示,可以看到有"滤镜""道具""分屏""转场""时间"等特效,如图4-22所示。此处详细讲述除"道具"外其他几个特效的使用方法。

图4-21 点击"特效"　　图4-22 特效选择

1. 滤镜特效

滤镜特效有"花火""灵魂出窍""抖动""幻觉""迷离""摇摆""霓虹"等，如图4-23所示。把视频进度滑块移动到想要添加滤镜的部分，然后点击下方的滤镜特效。如果想同时添加多个滤镜特效，可在添加完第一个特效后继续按同样的方法添加其他滤镜特效。

> **提示 Tips**：在抖音里，随处可见小脸、长腿、萌萌的女生，她们大多有个共性，那就是脸很白、皮肤看起来很好。为什么呢？那是因为抖音的滤镜、美颜、瘦腿等功能很强大。

图4-23 滤镜特效

2. 分屏特效

在抖音上经常可以看到模糊分屏、两屏、三屏、四屏、六屏、九屏等视频特效，拍摄得很有创意。该怎么操作呢？具体操作步骤如下。

步骤 01 打开抖音短视频App首页，然后点击下方的"+"，如图4-24所示。
步骤 02 点击"拍摄"按钮开始拍摄，如图4-25所示。
步骤 03 视频拍摄完成以后点击"特效"，如图4-26所示。

图4-24 点击"+"

图4-25 点击"拍摄"按钮

图4-26 点击"特效"

步骤04 点击底部的"分屏"特效,如图4-27所示。

步骤05 选择需要的分屏特效,如"四屏",长按"四屏"特效小圆圈,特效添加完成后点击"保存"即可,如图4-28所示。

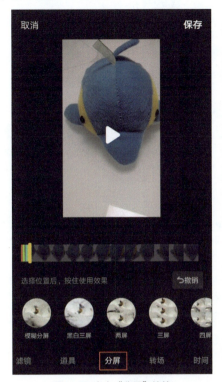
图4-27 点击"分屏"特效

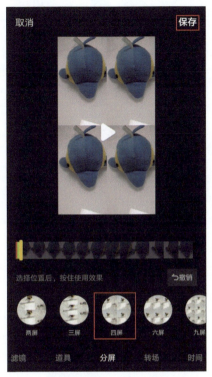
图4-28 添加"四屏"特效

3. 时间特效

时间特效包括"时光倒流""闪一下""慢动作"3种特效。

"时光倒流"特效是以逆序方式呈现,给人一种时光倒流的感觉的特效。点击"时光倒流"特效(按钮为粉红色)后,可以看到视频下面的黄色进度滑块会从视频尾部开始滑动,滑向视频的开始拍摄位置,其效果是视频会被倒放,如图4-29所示。

"闪一下"特效会使视频经过设定的特效位置时闪动一下。点击"闪一下"特效(按钮为蓝色)后,视频底部出现两个滑块,一个是黄色视频进度滑块,另一个是可移动的滑块,通过拖动后者可以实现"闪一下"特效的位置设定,其效果是当进度滑块经过特效设定位置后,视频画面会在一瞬间闪动一下,如图4-30所示。

"慢动作"特效的作用是放慢动作,让粉丝可以更清晰地看到视频细节。点击"慢动作"特效(按钮为绿色)后,视频下面同样会出现两个和"闪一下"特效一样的滑块,移动滑块可以设置视频慢放的位置,设置完成后,其效果是当滑块经过此位置时,会慢放视频画面,如图4-31所示。

图4-29 "时光倒流"特效

图4-30 "闪一下"特效

图4-31 "慢动作"特效

4. 转场特效

场景与场景之间的过渡或转换，叫作转场。抖音中的转场特效包括"横滑""卷动""横线""竖线""旋转""圆环"等，如图4-32所示。

图4-32 转场特效

4.3 使用道具拍同款

抖音App和大部分视频App一样,有属于自己的拍摄道具。下面介绍道具的使用方法。

> **提示 Tips** 在热门的抖音视频中经常可以看到特效视频,总是让人感觉很神奇。在抖音的视频录制以及合成处理的工序中,系统均设置了不同类别的道具。使用这些道具拍摄的视频更独特,更能满足用户的创作欲望,打造独一无二的音乐视频。

4.3.1 使用道具制作"新娘妆"特效

使用道具制作"新娘妆"特效的具体操作步骤如下。

步骤01 打开抖音App,在界面中点击"+",如图4-33所示。
步骤02 进入视频拍摄后,在左下角点击"道具",如图4-34所示。
步骤03 点开之后,可以看到有很多功能道具,选择其中的"新娘妆"道具后就可以进行视频拍摄了,如图4-35所示。
步骤04 在视频拍摄过程中,使用一个道具拍完后,可以再选择其他道具继续拍摄。

图4-33 点击"+"

图4-34 点击"道具"

图4-35 选择"新娘妆"道具

4.3.2 使用抖音同款道具"灵魂出窍"拍出魔术效果

有时你在抖音视频中能发现有趣的视频特效,自己也想拍一个,但是进入拍摄界面却不知道使用什么道具,挨个去找又太费时,这时可以使用"同款道具"功能直接拍摄同款特效。下面介绍如何使用抖音同款道具"灵魂出窍"拍出魔术效果,具体操作步骤如下。

步骤01 打开抖音App,找到一个使用道具"灵魂出窍"拍摄的短视频,点击短视频播放界面右侧的"分享",如图4-36所示。

步骤02 单击"同款道具",如图4-37所示。

图4-36 点击"分享"

图4-37 点击"同款道具"

步骤03 进入同款特效拍摄,接下来直接拍摄短视频即可,如图4-38所示。拍摄后的"灵魂出窍"效果如图4-39所示。

图4-38 直接拍摄

图4-39 "灵魂出窍"效果

4.3.3 使用"水面倒影"道具拍出涨水特效

在抖音短视频中,有时会看到有些人拍摄的视频会显示家里涨满了水,这是应用了抖音自带的"水面倒影"特效后的效果。下面介绍如何使用抖音道具"水面倒影"拍出涨水特效,具体操作步骤如下。

步骤 01 找到一个使用道具"水面倒影"拍摄的短视频,选择"水面倒影",如图4-40所示。

步骤 02 进入"水面倒影"道具界面,点击"拍同款",如图4-41所示。

步骤 03 手机拍摄界面会出现水面特效,此时就可以使用该特效拍摄出涨水的视频效果了,如图4-42所示。

图4-40 选择"水面倒影"　　图4-41 点击"拍同款"　　图4-42 涨水特效

4.3.4 使用"红色光束"道具拍出KTV的感觉

使用"红色光束"道具拍视频的具体操作步骤如下。

步骤 01 找到一个使用道具"红色光束"拍摄的短视频,选择"红色光束",如图4-43所示。

图4-43 选择"红色光束"

步骤02 进入"红色光束"道具界面,点击"拍同款",如图4-44所示。

步骤03 手机拍摄界面会出现红色光束的特效,如图4-45所示。此时就可以使用该特效拍出KTV的感觉了。

图4-44 点击"拍同款"

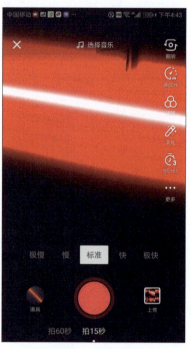

图4-45 红色光束

4.4 思考题

（1）在拍摄抖音短视频时需要注意的问题有哪些？
（2）怎样将抖音短视频App封面设置为静态图？
（3）如何才能策划出一个好的抖音文案？
（4）高转化率的文案编写技巧有哪些？
（5）怎样使用道具拍同款短视频？

第 **5** 章

后期制作：孕育精品视频

抖音的功能再怎么完善，也不可能面面俱到。在某些时候，选择使用第三方剪辑软件、特效软件，可以更高效。较为常见的第三方工具有小影、乐秀、爱剪辑、快剪辑、Photoshop、云美摄、PhotoMosh等。本章将介绍这些软件的使用方法。

5.1 短视频后期加工法宝

对于用户来说,拍摄后的视频如果直接上传,可能达不到自己的预期效果,这时候就需要用短视频加工软件来进行后期加工。

5.1.1 小影短视频制作软件

小影是一款简易的手机视频剪辑App,它打破了传统视频剪辑的使用场景限制,不仅可以录制10秒短视频,也提供拍摄、编辑更长原创视频内容的服务,还可以对视频进行修剪、变速、配乐等操作,为视频增添字幕、动画贴纸、特效、转场以及进阶调色,制作画中画效果、GIF视频等。

截至2019年1月,小影在全球范围内的注册用户已超过6亿,下载量更在35个国家或地区的App Store摄影与录像分类榜中名列前茅。

【小抖知道】

据数据统计,截至2019年1月,全球通过小影制作并分享的视频数量达10亿,单个视频模板的使用量达3.5亿。目前小影已是海外用户数量最多的中国短视频剪辑App。

下面介绍如何利用小影制作视频,具体操作步骤如下。

步骤01 先用手机下载小影App并安装,然后打开小影App,点击底部的"视频编辑",如图5-1所示。

步骤02 打开"创作"界面,点击"相册MV",如图5-2所示。

图5-1 点击"视频编辑"

图5-2 点击"相册MV"

第 **5** 章 后期制作：孕育精品视频

步骤 03 打开本地相册，选择相应的图片，然后点击"下一步"，如图5-3所示。

步骤 04 可以将制作的视频文件存草稿，或者选择保存并上传；在这里点击"保存/上传"，如图5-4所示。

图5-3 选择图片　　　　　　图5-4 点击"保存/上传"

步骤 05 打开如图5-5所示的界面，点击"发布"。

步骤 06 弹出如图5-6所示的界面，上传视频；可选择其中任意一种清晰度。

步骤 07 视频上传成功后的界面如图5-7所示。

图5-5 点击"发布"　　　　图5-6 上传视频　　　　图5-7 视频上传成功

69

5.1.2 乐秀视频编辑器

乐秀是一款视频编辑软件,如果用手机拍摄了短视频,可以直接用它进行编辑。乐秀的操作非常简单,只需几步就能制作出精美的视频短片,用户可以在视频中轻松添加或删除背景音乐、特效等。

步骤01 下载并安装乐秀App,打开乐秀App,点击界面中间的"视频编辑",如图5-8所示。

步骤02 打开"选择片段"界面,切换至"视频"界面,选择相应的视频文件,点击"开始制作",如图5-9所示。

图5-8 点击"视频编辑"　　　图5-9 选择相应的视频文件

步骤03 打开"视频美化"界面,在底部选择相应的主题、声音、编辑和设置,完成后点击右上角的"导出",如图5-10所示。

步骤04 打开"分享"界面,可以选择将视频分享到微信、微博、QQ、快手、抖音、美拍、优酷等平台,这里选择分享到"微信",如图5-11所示。

图5-10 视频美化　　　图5-11 分享

第 **5** 章　后期制作：孕育精品视频

步骤 *05*　弹出"视频导出"列表，列表中有快速模式、高清模式和GIF模式，这里选择高清模式，如图5-12所示。

步骤 *06*　跳转到微信App，选择相应的好友并发送给他，如图5-13所示。

图5-12　"视频导出"列表　　　　图5-13　发送给好友

5.2 计算机端视频剪辑的好帮手

有的视频剪辑软件可以在计算机端操作，有的视频剪辑软件可以在手机端操作，很多人喜欢在计算机端操作，下面介绍计算机端视频剪辑软件的操作方法。

5.2.1 爱剪辑

爱剪辑是一款免费的视频剪辑软件，支持给视频添加字幕、调色、添加相框等剪辑功能，操作简单快捷。爱剪辑创新的人性化界面令用户能够快速上手进行视频剪辑，用户无须花费大量的时间学习，且爱剪辑极快的启动速度、运行速度也使得用户处理视频更加快速、得心应手。帮助所有用户，哪怕是初次使用的用户，也能轻而易举地剪辑视频，创作与分享作品。

步骤 *01*　打开爱剪辑软件，新建一个文件，设置片名和制作者，注意更改视频大小，如图5-14所示。

图5-14　新建文件

步骤02 选择"添加视频",可对视频长度进行截取,如图5-15所示。

图5-15 添加视频

步骤03 在任务栏中有视频、音频、字幕特效、叠加素材、转场特效、画面风格、MTV、卡拉OK、升级与服务等功能,如图5-16所示。下面就跟大家介绍一下这些功能的使用方法。

图5-16 任务栏功能

步骤04 画面风格:切换到"画面风格"选项卡,可以看到左侧有"画面""美化""滤镜""动景"等特效,选择一个想要添加的特效,这里选择"自由旋转",如图5-17所示。

图5-17 添加"自由旋转"特效

第 **5** 章 后期制作：孕育精品视频

爱剪辑除了有可以运用于多种场合的许多通用切换特效外，还有可以制作大量炫目的高质量3D和其他专业的高级切换特效，而且这些精美的切换特效还在随着系统升级不断增多。

步骤 05 选择好要添加的特效后，单击"添加风格效果"按钮，添加成功后，可在"效果设置"中设置角度，设置成功后，单击"确认修改"按钮，如图5-18所示。

图5-18 添加风格效果

步骤 06 音频：切换到"音频"选项卡，单击"添加音频"按钮可选择"添加音效"或"添加背景音乐"，如图5-19所示。

图5-19 添加音频

步骤 07 选择"添加音效"后会弹出"请选择一个音效"对话框，根据需要选择素材，如图5-20所示。

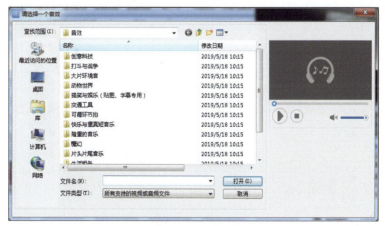

图5-20 添加音效

步骤 08 字幕特效：切换到"字幕特效"选项卡，可以看到左侧有"出现特效""停留特效""消失特效"等字幕特效，根据需求选择一个想要添加的字幕特效，如图5-21所示。

图5-21 字幕特效

步骤 09 选择好特效后，双击视频，在弹出的"输入文字"对话框中添加文字，还可以为配的文字添加音效，如图5-22所示。

图5-22 添加文字和音效

步骤 10 叠加素材：切换到"叠加素材"选项卡，可以看到左侧有"加贴图""加相框""去水印"等效果，选择一个效果，然后双击视频，如图5-23所示。

图5-23 叠加素材

74

步骤 11 双击视频后，会弹出"选择贴图"对话框，可根据需要进行选择，也可为此特效配上音乐，如图5-24所示。

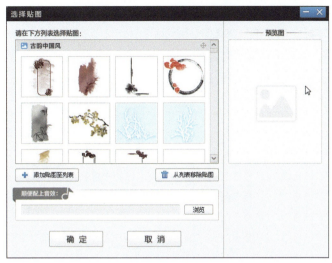

图5-24 选择贴图

步骤 12 在叠加素材中，有一项"去水印"功能，利用此项功能可为视频添加马赛克效果。进入"去水印"功能界面，在界面中间"去水印设置"中选择"去除方式"为"模糊式"，如图5-25所示。

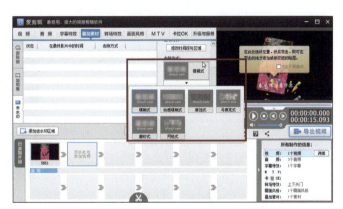

图5-25 去水印

> **提示** 为了让用户能更出色、更简单地使用这个功能，爱剪辑提供了多种去水印方案，让用户可以根据视频中具体的水印情况，轻松实现更高水准的去水印效果。

步骤 13 选择好"去除方式"后，单击"添加去水印区域"按钮，可选择"为当前片段去水印"或"指定时间段去水印"，如图5-26所示。

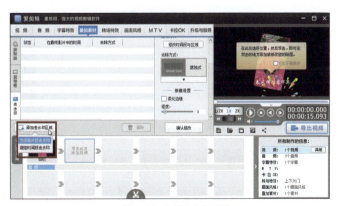

图5-26 选择去水印区域

步骤 14 这里选择"指定时间段去水印",然后在弹出的"选取时间段与区域"对话框中设置开始时间和结束时间,如图5-27所示。

图5-27 "选取时间段与区域"对话框

步骤 15 MTV/卡拉OK:添加MTV功能,需要选择"导入LRC歌词文件",如图5-28所示。添加卡拉OK功能,则需要选择"导入KSC歌词文件",如图5-29所示。

图5-28 导入LRC歌词文件

图5-29 导入KSC歌词文件

第 5 章 后期制作：孕育精品视频

传统的卡拉OK视频制作难度较大，爱剪辑大胆摒弃了传统的繁杂制作思路，重视实用性、合理性，让用户只用几个简单步骤即可制作一个精美的卡拉OK视频。爱剪辑还为卡拉OK视频制作配备了多达16种的文字跟唱特效。

MTV歌词字幕同步功能也被引入其中，它可以根据背景音乐动态显示歌词信息，并且每行歌词还具有动感十足的字幕呈现特效，和电视上明星的MTV效果一样出色。

步骤16 所有特效设置完毕后，单击界面右侧的"导出视频"按钮，可在弹出的"导出设置"对话框中对视频基本资料及参数进行修改，如图5-30所示。

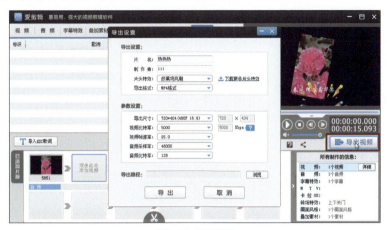

图5-30 导出视频

5.2.2 快剪辑

快剪辑是支持在线剪辑视频的软件，拥有强大的视频录制、视频合成、视频截取等功能，使用快剪辑的具体操作步骤如下。

步骤01 打开快剪辑，单击上方的"新建视频"按钮，如图5-31所示。

图5-31 新建视频

77

步骤02 弹出"选择工作模式"对话框,这里选择"专业模式",如图5-32所示。

图5-32 "选择工作模式"对话框

步骤03 在"添加剪辑"选项卡中,单击"本地视频"按钮,如图5-33所示。

图5-33 添加本地视频

步骤04 弹出"打开"对话框,选择相应的视频文件,单击"打开"按钮,如图5-34所示。

图5-34 选择视频文件

步骤05 切换到"添加转场"选项卡,设置视频画面切换时的过渡效果,此处可根据需要选择转场,如图5-35所示。

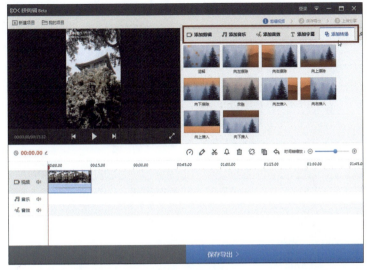

图5-35 添加转场

> **提示 Tips** 导入的素材为什么变小且被填充了黑色框?
> 如果导入竖屏素材到快剪辑中,在预览画框中,视频两侧会有黑色暗纹,这是正常现象,这是由于画面小于预览的画框,正常编辑导出后,黑色暗纹便不出现在导出的视频中。

步骤06 再次切换到"添加视频"选项卡。视频下面的按钮分别为调速、编辑、分割、音量(需先剪辑视频画面)、删除、分离音轨(画面和音频分离)、复制、撤销,如图5-36所示。

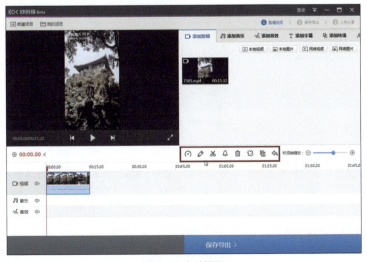

图5-36 各种按钮

步骤07 单击"编辑"按钮,可以对视频进行裁剪、贴图、添加标记、添加二维码、添加马赛克等,如图5-37所示。

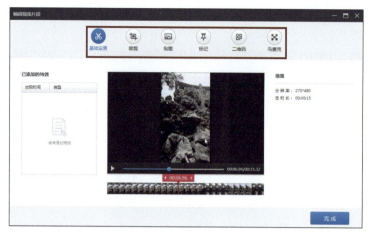

图5-37 对视频进行编辑

步骤 08 编辑完成后导出视频，可以选择保存路径、导出尺寸、文件格式、视频帧率、视频比特率、音频质量等，如图5-38所示。

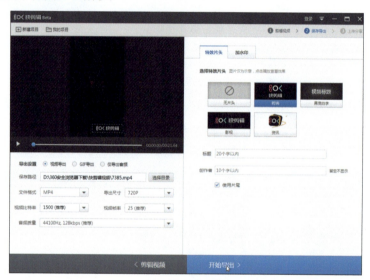

图5-38 导出视频

 快剪辑支持哪些视频格式？

快剪辑支持常规的视频格式，如MP4、AVI、MOV、WMV、FLV 和 GIF 动图等视频格式。

5.3 Photoshop作图辅助工具

Photoshop简称PS，是由Adobe公司开发的图像处理软件。Photoshop主要用于处理以像素构成的数字图像。Photoshop拥有众多的编修与绘图工具，用户可利用其有效地进行图片编辑工作。

5.3.1 使用Photoshop调整图片大小

Photoshop有很多功能，在图像、图形、文字、视频等方面都有涉及。下面讲解使用Photoshop调整图片大小的方法，具体操作步骤如下。

步骤 01 打开Photoshop，执行"文件"｜"打开"命令打开一幅图片，然后执行"图像"｜"图像大小"命令，如图5-39所示。

图5-39 打开图片

步骤 02 弹出"图像大小"对话框，在对话框中设置相应的"宽度"和"高度"，单击"确定"按钮如图5-40所示。

图5-40 "图像大小"对话框

步骤 03 完成上述操作后即可调整图像大小，如图5-41所示。

图5-41 调整图像大小

5.3.2 使用Photoshop裁剪工具制作封面图

裁剪工具是常用的工具,在修改图片大小的时候首先会选择的就是裁剪工具,下面简单介绍一下裁剪工具的使用方法。

步骤01 打开Photoshop,执行"文件"|"打开"命令,弹出"打开"对话框,在"打开"对话框中找到需要裁剪的图片,单击"打开"按钮,如图5-42所示。

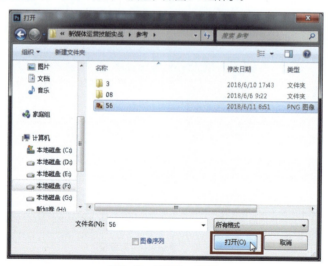

图5-42 "打开"对话框

步骤02 完成上述操作后即可打开图片,打开的图片如图5-43所示。

第 **5** 章 后期制作：孕育精品视频

图5-43 打开图片

步骤 03 选择工具箱中的"裁剪工具"，如图5-44所示。

图5-44 选择"裁剪工具"

步骤 04 在工具选项栏宽度和高度对应的文本框中输入数值，如图5-45所示。

83

图5-45 设置宽度和高度

步骤05 在框选区域双击,即可完成裁剪,如图5-46所示。

图5-46 裁剪后的图片

步骤06 执行"文件"|"存储为Web所用格式"命令,弹出"存储为Web所用格式"对话框,如图5-47所示。

步骤07 单击"存储"按钮,弹出"将优化结果存储为"对话框,填写文件名,选择相应的文件格式,单击"保存"按钮即可完成封面图的制作,如图5-48所示。

第 **5** 章 后期制作：孕育精品视频

图5-47 "存储为Web所用格式"对话框

图5-48 "将优化结果存储为"对话框

5.3.3 使用Photoshop轻松批量处理图片

在整理图片时，常常需要同时处理几十张图片。如果用户对每张图片都进行打开、调整、保存等操作，要费很多时间和精力，那么这些简单的重复性操作是否可以让机器自己来完成呢？下面就来详细介绍批量处理图片的方法。具体操作步骤如下。

步骤 01 打开Photoshop，打开需要编辑的图片，如图5-49所示。

步骤 02 执行"窗口"|"动作"命令，打开"动作"面板，如图5-50所示。

图5-49 打开图像

图5-50 "动作"面板

步骤 03 单击右下角的创建新动作按钮，弹出"新建动作"对话框，如图5-51所示。

步骤 04 单击"记录"按钮，即可新建动作，如图5-52所示。

图5-51 "新建动作"对话框　　　图5-52 新建动作

步骤 05 调整图像的大小，然后单击"动作"面板中的"停止播放/记录"按钮■，停止记录，如图5-53所示。

图5-53 停止记录

步骤 06 执行"文件"|"自动"|"批处理"命令，弹出"批处理"对话框，如图5-54所示。

图5-54 "批处理"对话框

86

步骤07 单击"选择"按钮，选择图像所在的位置，如图5-55所示。

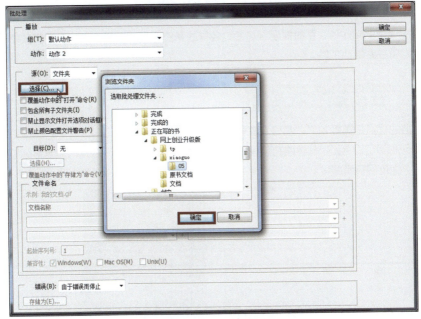

图5-55 选择图像所在的位置

步骤08 单击"确定"按钮，即可对文件中所有图像的大小进行处理，如图5-56所示。

图5-56 处理图像大小

5.4 第三方工具辅助，精益求精

作为视频后期制作者，平时需要学习各种各样的第三方辅助工具，来提升工作效率。下面简单介绍两款第三方辅助工具。

5.4.1 云美摄短视频剪辑软件

云美摄的优点是美颜效果非常好，软件里面有很多美颜滤镜，比抖音自带的美颜功能强大很多，如图5-57所示。用这个软件拍摄视频后，可以直接通过软件进行剪辑和加字幕等工作，最后完成输出，上传到抖音即可。

图5-57 云美摄短视频剪辑软件

5.4.2 PhotoMosh

抖音中的许多视频特效能让普通的视频拥有酷炫的效果，这些效果又被称为故障艺术。下面将介绍PhotoMosh工具的使用方法，它操作简单，利用它可以轻松把图片或短视频做出故障艺术的效果。

步骤01 通过搜索引擎搜索PhotoMosh，进入其网站主页，网站为全英文，主页有两个选项，左侧是"Load File"（装入文件），右侧是"Use WebCam"（使用网络摄像头）。直接单击左侧的"Load File"（装入文件），如图5-58所示。

图5-58 单击左侧的"Load File"（装入文件）

第 5 章 后期制作：孕育精品视频

步骤 02 单击"Choose File"，弹出"打开"对话框，在弹出的对话框中选中要上传的图片，单击"打开"按钮，上传想要处理的图片，如图5-59所示。

图5-59 上传图片

步骤 03 最后设置图片效果，如图5-60所示。在界面左上角可以切换图片格式，在图片下方可以切换效果和保存，在界面右侧可以进行详细设置。

图5-60 设置图片效果

89

步骤 04 利用PhotoMosh不仅可以将图片效果设置为抖音中有的图片效果,其还提供了其他很多有趣的图片效果,如图5-61所示。

图5-61 设置图片效果

5.5 思考题

(1)下载并安装小影短视频制作神器,熟练掌握其使用方法。
(2)下载并安装乐秀视频编辑器,熟练掌握其使用方法。
(3)下载并安装爱剪辑,熟练掌握其使用方法。
(4)熟练掌握Photoshop作图辅助工具处理图片大小、裁剪图片。

第 **6** 章

吸粉引流：掌握引流技巧才能成为热门

抖音短视频越来越火，发展势不可当，越来越多的企业和商家入驻抖音，哪里有流量，哪里就有市场。没有流量、不懂吸粉，让很多抖音号运营者只能看着别人获取红利，而自己却一筹莫展。

6.1 吸引人的抖音标题

标题会影响抖音短视频的播放量。用户可以通过标题知道视频要表达的主题是什么，好的抖音标题会吸引用户点击并观看短视频。

6.1.1 分析人性特点

用户可以直接在抖音平台选择视频观看，也可以输入关键词搜索视频。如果抖音短视频标题中有用户搜索的关键词，那么短视频就会被推荐给用户，增加被观看的概率。图6-1所示为当用户在抖音搜索栏中输入"女鞋"时，所有在该平台上发布的视频标题中包含"女鞋"二字的短视频就会被推荐给用户，出现的搜索结果界面如图6-2所示。

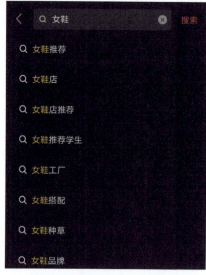

图6-1 在搜索栏中输入"女鞋"

图6-2 推荐给用户的搜索结果

标题的核心作用有两点，这两点也是运营者编写标题需要重点参考的两个方面。

（1）给用户看：让看到的用户点击视频。

（2）给平台看：获得平台更多精准推荐。

要从人性的角度来编写标题，这样看到视频标题的人就会有更大的可能性去点击视频。

要如何编写标题呢？

第一，找准痛点，必须切中用户最强烈的需求点。

标题必须切中用户的需求点，而且是用户的痛点。平时要收集用户经常遇到的问题，把这些问题列出来，多和目标用户沟通，深挖他们的痛点，然后提炼出能概括当前问题的最佳词汇。

第二，展示好处，必须展示出视频内容能给用户带来什么好处。

痛点找到之后，接着就是找到这个痛点给用户带来的核心好处，一个痛点对应很多好处，可以从不同的角度去写。

第三，激发用户好奇心，答案在视频中。

标题是吸引用户点击视频的第一环,而好奇心是一把钥匙。好奇心是人类与生俱来的,当好奇心受到激发,就会产生想要知道答案的欲望,才更愿去点击。不能在标题中展示答案,答案要放在视频中,如图6-3所示。

图6-3 将答案放在视频中

6.1.2 高点击量的抖音标题编写技巧

标题有没有吸引力、能不能抓住用户的眼球至关重要,能让人眼前一亮的标题是提高点击量的重要因素。标题起得越好,观看视频的用户越多,获得的点击量就越高,短视频就越容易获得平台的推荐。那么,如何才能取一个可以带来高点击量的抖音标题呢?

> **提示** 标题一定要简单、有趣、吸引人,能够引起别人的好奇心,让观看的人可以和拍摄的人进行一个更好的互动,从而提升视频的点赞量和评论数。标题起得好,有时也会让视频更容易被推荐。

1. 数字化

数字化标题即在标题中将视频的重要内容用数字体现出来。用户在界面上浏览内容时,停留在标题上的时间一般很短。那么,如何让用户可以在短时间内一眼看到你的标题呢?这就要求短视频标题既要简洁明了又要直观,而数字正好就有这样的特性。

图6-4所示的视频中,标题是"$30m^2$小公寓住着比$60m^2$还大,全是因为用了这几招"。单看标题,数字的使用让用户一下子抓住视频内容的关键:$30m^2$小公寓住着感觉比$60m^2$还大。

除了将内容更直观地展现在用户眼前,数字的使用还可以让标题看起来更加精确、简洁,给用户带来一种肯定的感觉。用户看完视频,就能清楚是怎么装修的。数字的使用给用户带来视觉上的冲击,在某种程度上也是为了引导用户观看短视频。

图6-4 数字化标题

2. 借助名人

名人是大众所关注的，很多广告都在利用名人效应。爱屋及乌，受众对名人的喜爱和信任，会转嫁为对名人使用产品的喜爱和信任。标题也可以借助名人来吸引公众的眼球，增加视频的播放量。如果所宣传的事物或者产品能和名人产生关联，也会吸引不少用户的关注。如果标题中涉及专业人士或名人的观点，那么可以将其姓名直接加入标题中。

图6-5所示的视频中，标题是"莫言的一段话，送给大家"，吸引了1.8万人点赞。莫言是一位家喻户晓的作家，他是2012年诺贝尔文学奖获得者，也是第一个获得诺贝尔文学奖的中国籍作家，在标题中提到莫言可以吸引很多人的注意。

图6-5 借助名人

3. 警示性

大多数人会关注与自己相关的话题，尤其会关注可能触及自己利益的话题。可以使用警示性标题，引起观看者对视频的关注。

图6-6所示的视频中，标题是"五个习惯，导致成绩上不去"，标题中就利用警示性文字来吸引用户点击观看。

4. 热点化

一些当前发生的热门事件更容易引起人们的关注，如世界杯、奥运会、节假日热门景点等，都会在一段时间内成为讨论热点，登上各大媒体平台热搜榜。可以以此为标题创作的灵感，通过大众对社会热点的关注，来引导用户对视频的关注，提高视频的点击量、评论量和转发量。

图6-7所示的视频就是在节假日的热点景区长城拍的，标题是"节假日出门的后果就是这样子，你还敢出门吗！"，吸引了254.6万人点赞、10.1万人评论和23.1万人转发。

图6-6 警示性　　　　　图6-7 热点化

5. 疑问化

利用人容易产生疑问的特点，将标题变成一个简单的疑问句，引起用户的点击欲望，增加短视频的播放量。

图6-8所示的视频标题是"每个人心中都有一座'远方'的城，说说你最想去的一个地方是哪里？"，看到这个标题，用户在脑海里就会蹦出"去面朝大海的海南？还是去七彩云南？还是去塞上江南，神奇宁夏？"等类似的疑问。带着好奇心和内心的疑问，用户自然就会点击短视频。

6. 神秘化

大多数人还有一个特点——喜欢探究，探索未知的秘密，于是揭秘类的标题往往更能引发用户的关注。

图6-9所示的视频标题是"今天带你揭秘街头骗术内幕！"，看到这个标题，用户更想去点击视频。

图6-8 疑问化　　　　　图6-9 揭秘的标题

7. 稀缺化

超市某商品挂出"即将售罄"的牌子后,通常会引来一阵哄抢。"双十一"电商平台销量逐年增长,也是由于平台商家约定"当日价格全年最低"。

图6-10所示的视频标题是"跟我打卡最红地标室内滑梯仅此一家",看到这个标题,用户更想去点击视频,如果正好在当地旅游,也会更加想去订购这个民宿酒店,这个视频获得了9.9万点赞量。

提示 Tips 对于稀缺的东西,用户普遍容易更快地做出决策,直接点击浏览。因此,标题中带有稀缺内容,更易激发用户点击视频的欲望。

8. 做成系列

将视频做成系列,持续更新,可以给抖音号带来更多流量。例如,在标题中加入"(一)""(二)"这样的字眼。当用户看到其中一个标题,例如"(五)"的时候,自然会考虑寻找其他的同系列视频观看。

当然,这需要建立在视频内容足够吸引人的前提下,用户才会花精力去寻找其他的同系列视频。

图6-11所示的视频标题含有"深入人心的反派系列(二十八)"字样,看到这个标题,用户点击播放完这个视频后,还会想寻找其他的同系列视频观看。

图6-10 稀缺化

图6-11 做成系列

9. 利益化

对于商家发布推广宣传产品的视频，一定要以"利"吸引人，在标题中就直接指明产品利益点。图6-12所示的视频标题含有"19年这5大行业，做好一个让你赚百万！"字样，看到这个标题，对于正在准备创业的用户来说，更易激发他们点击播放视频的欲望。

10. 新鲜化

人们总是对新鲜的人、新鲜的事物感兴趣，这是人之常情，把握住这个特征，并将其应用到标题编写中，可以让视频获得更多的转载。图6-13所示的视频标题含有"2019新款自动盘狗器，你值得拥有"这样提到新鲜事物的字样。

图6-12 利益化

图6-13 新鲜化

6.2 打造爆款短视频

目前增加粉丝最好的方式就是打造爆款短视频，但是爆款短视频并不是那么容易制作的，也不是谁都能做出来的，怎样才能打造爆款短视频呢？

6.2.1 爆款选题遵循的原则

找好选题是打造爆款短视频的第一步。那么，如何才能找到一个好选题呢？一个视频选题好不好，要看其是否符合以下原则。

第一，选题受众足够广。运营抖音号，先要选择细分领域，确定好内容定位以及目标受众，目标受众的细化程度在一定程度上决定了视频产出的内容方向、运营策略。但是对爆款短视频来说，定位细分领域的同时也限制了视频的覆盖面，缺乏大众元素，很难成为爆款。

第二，选题角度能引起共鸣。共鸣越强烈，产生的传播效果越好。要让视频引起共鸣，如观念上的共鸣、遭遇上的共鸣、经历上的共鸣、身份上的共鸣等。如感人瞬间和正能量事件视频，就会引起不少人情感上的共鸣，他们自然而然地就会点赞，甚至关注加转发。

第三，选题节点足够巧。把握好热点的时间节奏与切入角度才能避免内容同质化。

6.2.2　打造爆款短视频的必备因素

大多数抖音号运营者，都希望自己的短视频能够成为爆款。但每天那么多短视频上传到抖音平台，只有少数的短视频才能真正成为爆款。打造爆款短视频的必备因素有哪些呢？

1. 稀缺感

稀缺感产生于供应少于需求的情况，例如饥饿、贫穷、时间紧迫都会使人产生稀缺感。有研究表明，在稀缺感的作用下，用户的注意力就会自动转向未得到满足的需求上。例如，用户有美容的需求，那么他就会关注美容类的视频；用户有健身的需求，那么他就会关注健身相关的视频。

图6-14所示的视频标题含有"限量100台！"字样，体现了该款汽车的稀缺，如果观看到此条短视频的用户正好是汽车爱好者，他点击播放该视频的概率就会更大。

图6-14　营造稀缺感

在打造爆款短视频前，首先要明确目标用户是谁，他们在哪方面的需求？这样短视频才能被推荐到目标用户那里。

2. 有价值

要让用户观看视频之后，觉得视频很有价值，得到了有用的信息，学到了有用的技巧，或者掌握了有价值的知识，如科普知识类视频、美食制作教程类视频、英语教程类视频、计算机教程类视频等都在视频中展现了自身的价值。

现在很多教育机构都入驻了抖音平台，像育儿类、英语类、阅读类、舞蹈类等教育机构，他们为用户提供了有价值的视频内容。做得比较好的"潘多拉英语by轻课"，目前拥有380.3万粉丝，点赞量超过1047万，如图6-15所示。他们凭借优质的课程内容，让粉丝学会日常生活中真实场景的英文对话，让粉丝告别死记硬背，可以在日常交流中做到英文对话脱口而出。

图6-15 有价值

3. 开门见山

拍摄视频的时候可以在视频开头就明确地告知用户该视频的主题或主要内容，开门见山地抛出问题和利益点，直接抓住用户的好奇心。一般视频前5秒没有吸引力，看的人也就会没有耐心看下去了，更别提打造爆款短视频了。

4. 制造冲突

没有冲突就没有故事。角色身份的冲突、常识认知的冲突、剧情反转的冲突等都容易吸引人点击播放视频。2019年一个叫沈巍的"流浪大师"火了，很多人喜欢跟他合影，之后发到抖音平台，得到成千上万的点赞。有关沈巍的视频之所以能成为爆款视频，是因为他倡导"垃圾分类"理念，而每天捡拾收集垃圾。他虽然蓬头垢面、满身油泥，但思想有深度，谈吐不凡。这种外表与内在的巨大冲突获得了52.5万的点赞，如图6-16所示。

5. 满足幻想

对爱情的幻想、对生活的憧憬……那些幻想无数次却不敢做的事情，抖音可以帮你实现。抖音的合拍功能就满足了用户想要和自己欣赏的人合拍视频的心愿，图6-17所示的合拍视频点赞量达41.9万。

图6-16 制造冲突

图6-17 满足幻想

6. 视觉刺激

视觉刺激往往能勾起用户的好奇心，在拍摄抖音视频的时候可以通过美丽的风景、崭新的视角、惊心动魄的场景来勾起用户的好奇心，并且产生想看下去的欲望。

6.3 互动评论是增加粉丝的重要因素

抖音是一个人的舞台，评论则是所有人的舞台，一条精彩的评论可以弥补视频中不足的部分。抖音评论也是增加粉丝的重要因素，评论区可谓人才济济，有些评论点赞量比视频本身播放量还高，比视频本身的内容还精彩。

6.3.1 互动时的技巧

互动不是简单地回复粉丝的评论，也不是简单地和粉丝在评论区聊天，而是需要掌握一定的技巧。

1. 表情、动作丰富

抖音上除了有短视频，还有直播，直播是一种互动方式，可以很好地维系粉丝和主播的关系。主播在直播中与粉丝互动时，表情、动作一定要丰富，如卖萌、比爱心等。这些细节可以让粉丝受到感官刺激，能感受到主播的积极与热情，更易加深粉丝与主播间的黏性。

主播在唱歌的时候如果还能跳舞那就更好了。如果你是粉丝，你喜欢看形式单一的唱歌表演还是喜欢又唱又跳的表演？所以，主播一定要动起来。

2. 多说感谢的话

当粉丝对主播有所表示时，不管是送礼物还是言语的赞扬，主播都要一视同仁，向对方表示感谢，如"谢谢×××的大礼物"，让粉丝感受到主播的诚意与热情，并有意愿继续互动。图6-18所示为粉丝送礼物后，主播感谢粉丝。

3. 多积累"段子"

不管是直播时和粉丝互动，还是在评论区和粉丝互动，主播最好能保持一定的幽默感。但是许多主播自己本身不够外向，也没有幽默的潜质，那么对他们来说，怎么办呢？平时多积累"段子"，记在心里，利用"段子"与粉丝进行互动是一个很好的方式。

图6-18 粉丝送礼物后，主播感谢粉丝

6.3.2 互动时需注意的问题

在互动时需要注意以下问题。

第一，多发起讨论和投票。这种类型的互动方式可以帮助主播多角度分析问题，能够多了解粉丝的想法，同时也能活跃气氛，增加粉丝的参与感，使粉丝更加喜欢主播。

第二，视频结束后问一个问题，很容易引起粉丝的兴趣，使粉丝参与讨论。

第三，做好监督工作。既然问了问题，那么就一定要负责任地查看粉丝的每一个评论，自己也要积极地参与讨论。

第四，保持互动时的情绪。有时候有些人可能会出言不逊，或者质疑主播，这种情况下主播不要生气，也不要鄙视对方，更不要随意删除别人的评论。

6.3.3 提高评论数量的技巧

评论是抖音互动、传播的利器，用好这个功能，主播可以和粉丝更好地进行互动，获得更多的人气。图6-19所示为用户评论。

相对于点赞来说，让用户进行评论是比较难的。如何提高评论的数量呢？

第一，在视频的结尾或者标题里抛出一个问题，更容易引起用户评论。这种方式会更容易激发用户的表达欲望，可以借鉴这种方式。

第二，巧妙地制造冲突，有争议就会有评论。

第三，注意评论语气，学会灵活变通。在评论中的语气要与自己在视频中的语气一致，避免让粉丝混淆。

第四，优先回复重点评论。主播面对大量评论时，首先挑选重点评论进行回复，可以优先回复有负面情绪的用户、提出建议的用户以及互动频繁的用户的评论等，然后再回复其他的评论，尽量做到有评论必回复。

图6-19 用户评论

 随着用户数量的大幅增长，用户素质也是参差不齐，难免会产生一些不太恰当的内容。因此，控制短视频的质量和评论区言论也是需要重点关注的方面。优化举报和评论功能，让用户自发地维护平台内容，从而有效减轻平台压力。

6.3.4 提高点赞量

点赞代表用户喜欢这个短视频。点赞的好处有很多，首先，短视频点赞数量高，能吸引更多的用户点赞这个短视频或者转发这个短视频；其次点赞数量还是抖音算法推荐热门的数据之一。

如何才能获得更多的点赞呢？多关注别人，争取和别人互相关注，增加粉丝量，粉丝数量越多，点赞量自然而然也会越多。具体操作步骤如下。

步骤 01 在抖音App首页点击"我"，在"我"界面可看到作品，其中的作品就是上传的短视频或者其他内容，点击需要获得更多点赞的作品，如图6-20所示。

步骤 02 点击某个作品开始播放，然后点击 ●●● ，如图6-21所示。

第 **6** 章　吸粉引流：掌握引流技巧才能成为热门

图6-20 "我"界面

图6-21 点击

步骤 03 其中可以看到"私信给"选项，直接点击已经关注的用户头像，在弹出的"私信给"界面中可以给好友留言，留言后点击"发送"即可，如图6-22所示。通过私信可以达到互粉点赞的效果，可帮助主播获得更多的点赞。

步骤 04 在"私信给"下面可以看到"分享到"，利用"分享到"可实现转发视频或将视频分享到朋友圈、微信、QQ空间等其他平台，还可以获得点赞，如图6-23所示。

图6-22 给朋友留言

图6-23 分享到其他平台

103

步骤05 可以多@好友。在发布抖音短视频的时候,可以@几个粉丝数量高的号,这样视频获得关注的可能性会增加,从而带动点赞数的增加,如图6-24所示。

图6-24 多@好友

6.4 "蹭"热点让你获得百万点击量

"蹭"热点的本质是借势营销,当热点事件发生时,很多运营者都会在极短的时间内从不同的角度去解读这个热点,从而快速将大量用户的关注度转移到自己的短视频上来。

6.4.1 什么是热点

热点是指广受大众关注、欢迎的事件或信息。一般可以将它分为以下两类。

1. 常规性热点

众人皆知的国家法定节假日、大型体育活动等,比如劳动节、中秋节、元旦、春节、奥运会等,常规性热点具有以下特点。

(1)备受大众关注。

(2)持续时间相对固定。

(3)可以提前预见、提前筹备。

2. 突发性热点

突发性热点主要是指突然发生的、不可预见的社会事件。对于突发性热点，抢的就是时间，争的就是速度。所以，运营者在"蹭"突发性热点时，记得把时效性放在第一位，这类热点留给运营者反应和准备的时间极短，运营者必须具备敏锐的反应能力。

6.4.2 从哪里找热点

运营者想要"蹭"热点，首先要快速、准确地获取热点信息。从哪里寻找热点呢？具体有以下方式。

1. 抖音热搜榜

在抖音App的搜索框下，有一个"抖音热搜"，这个内容是官方推荐的。点击"查看热搜榜"，如图6-25所示，即可看到抖音热搜榜，如图6-26所示。

图6-25 点击"查看热搜榜"　　　　图6-26 抖音热搜榜

2. 抖音"人气榜单"

抖音"人气榜单"，有"明星爱DOU榜""DOU听音乐榜""品牌热DOU榜"等，这些榜单内容分别代表了用户积极参与评论的内容、用户喜欢观看的视频以及非官方的热门话题，如图6-27所示。

3. 今日最热视频

在抖音App中还可以看到"今日最热视频"排行，如图6-28所示。经常看一看这些榜单有助于了解当前热门视频。

图6-27 品牌热DOU榜和明星爱DOU榜　　　　图6-28 今日最热视频

4. 百度指数

如果你没有如何粉丝，那么最简单的方式就是通过热点事件来"蹭"粉丝。比如2019年3月，一个"流浪大师"沈巍就在抖音上"刷屏"了，相信大家都知道这个人了。

他不仅在抖音上火爆得一塌糊涂，在百度指数中搜索"沈巍"，还可以看到他在热度最高的时候搜索指数上升到了8万多，如图6-29所示。

图6-29 百度指数

当打开抖音App搜索"沈巍"时，出现了很多相关视频和抖音号，很多抖音号的粉丝数量还都不低，如图6-30所示。

图6-30 搜索"沈巍"

5. 百度搜索风云榜

百度搜索风云榜是以数亿网民的搜索行为作为数据基础，建立权威的关键词排行榜与分类热点排行。图6-31所示为百度搜索风云榜，用户可借此查看详细的热搜情况。

图6-31 百度搜索风云榜

6.4.3 "蹭"热点的关键点

只要热点和运营的抖音号有关联,就可以去"蹭"热点。如何"蹭"热点呢?

1. 要从热点本身出发

每一个热点出来之后,往往都会快速吸引大量跟风者。这时,需要从热点本身出发,科学地去"蹭"这些热点。要知道哪些是热点,哪些可以"蹭",哪些不可以"蹭"。对于负面的、过时的话题应极力避免。

2. 速度要快

热点往往都是短暂的,一段时间之后就会消减,新的热点就会代替前面的热点,所以一定要第一时间抓住热点,快速推出自己的视频。

3. 学会借势

例如世界杯时,在发布视频的时候加入"世界杯"的热点信息,如在文案中加入带有与"世界杯"相关的字眼,从而吸引粉丝的关注。

4. 对比衬托出独特卖点

要选择合适的对比形式,不可通过打击对方来突出自己,这样只会显得无知,还会导致一部分粉丝的流失。

6.5 参加挑战活动,利用官方做推广

抖音主播想要提高活动知名度和曝光率,想要让自己的抖音短视频获得更大力度的推广,还需要参加抖音平台的一些挑战活动。

6.5.1 发起抖音挑战赛,直接提高曝光率

想要更好地推广自己的抖音短视频,可直接在抖音中发起挑战赛。挑战赛参加人数够多,那么直接曝光的就是抖音号,这会带来不可估量的粉丝和流量。

下面是在抖音中发起挑战赛的流程。

步骤01 打开抖音App,点击右上角的"查找",如图6-32所示。

步骤02 打开图6-33所示的界面,在顶部的搜索框中输入"挑战赛",点击"#发光撩发挑战赛"链接。

第 **6** 章 吸粉引流：掌握引流技巧才能成为热门

图6-32 点击右上角的"查找"　　　　图6-33 输入"挑战赛"

步骤 03 打开图6-34所示的界面，点击底部的"参与"。

步骤 04 录制视频发起挑战，如图6-35所示。

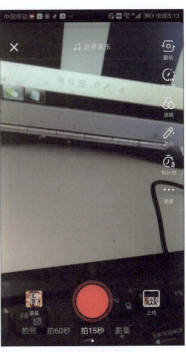

图6-34 点击"参与"　　　　　　　　图6-35 录制视频

109

6.5.2 关注抖音小助手，及时发现火热挑战赛

在抖音平台中，可以关注"抖音小助手"，"抖音小助手"会在平台上定期推送最火热的挑战赛。

这些挑战赛通常情况下都有大量用户观看和参与。因此，参与热度高的挑战赛，适时发布优质视频参与挑战，就有可能获得点击率，赢得曝光率。

当然了，我们不能每一个挑战赛都参与，所以一定要选择适合自己的挑战赛。这需要我们细心观看挑战赛的内容，观看抖音示范短视频，观看那些短视频获赞几百万的参与者的做法。同时，我们要在参与挑战赛时，写好参与文案。最后，我们要通过数据分析、定位理论等方式找到最合适的挑战赛，然后制作出优质的视频并上传，这样可以提高推广的精准度。

6.6 稳定更新，持续输出

有些抖音主播因为更新少，没有持续输出，所以粉丝数一直没有增长，虽然偶尔会发一个视频，但间隔时间过长，粉丝失去了关注热情，从而导致新视频的关注量急速下降。

6.6.1 建立素材库

抖音主播想要保持定期定量的内容输出，工作量和工作强度都不小，如果只是靠灵感或者临时查找资料，做一期更新一期，这是远远不够的。建立素材库才是解决这个问题的根本办法。

素材搜集的四大方向。

第一，搜集各种新闻。制作热点视频，或者制作表达自己观点的视频前，一定要搜集各类新闻。像今日头条、搜狐、网易、微博等网站，每天都会及时发布一些热点新闻。做抖音视频的速度要快、内容要准，平时有积累素材习惯的主播制作短视频就会比较快速和简单。

第二，搜集电影。搜集经典电影、电视剧，关注其中比较经典的剧情。这对主播做剧情演绎的视频很有帮助。

第三，搜集"段子"。"段子"不是一下就能想出来的，所以主播平常要注意"段子"的搜集，以便制作视频。

第四，搜集小故事。现在很多抖音主播都喜欢讲故事，但是粉丝们早已厌烦那些陈词滥调的说教文，喜欢看有生活感悟的故事，所以，主播也要注意日常故事的搜集（不管是网上流传的，还是发生在自己身边的真人真事）。

素材搜集的最终目的是使用，但并不是所有的素材都适合用在视频中，因此就要学会如何挑选素材，可按照以下三个方面进行挑选。

（1）新鲜感。素材有新意，而不是粉丝已经看了无数遍的内容。

（2）观点新颖。这种类型的素材可以快速激发粉丝的好奇心。

（3）符合自己的主题。在挑选素材时，一定要紧扣自己的创作主题，不要明明想讲桃子，却用了苹果的素材。

6.6.2 持续更新的5个小技巧

除了要建立素材库之外，还有一些小技巧也能让抖音主播的持续更新工作变得相对简单，具体技巧如下。

第一，以简单为主，不要太复杂。剪辑视频时，不要加太多内容，点到为止即可，片头、片尾、音乐、特效等尽量模板化。

第二，以时间为核心策划内容。选择符合抖音15秒时间的内容，超过时限的可以先不选择；如果实在讲不完，那就将其做成系列短视频。这样一来，既保证了账号的更新工作，又提高了粉丝的黏性。

第三，深挖内容。深挖自己专注领域的内容。如此，既保证了视频方向不会跑偏，又能把视频变得更有深度、更专业，同时还保证可以有足够的素材持续更新视频。

第四，精简主题。一个视频只说一个主题，主题多了，粉丝记不住，还会显得内容很混乱。

第五，精简内容。一定要把最好的部分放进视频，把精华留下，删除没有必要存在的部分。

6.7 微信推广

主播还可以通过微信推广抖音短视频，比如利用朋友圈、微信群推广。

6.7.1 朋友圈推广

在朋友圈内发布抖音短视频的方法是直接把抖音中的短视频分享到朋友圈，这样朋友圈好友就可以看到抖音内容。如果视频有趣、好玩，朋友圈好友就会关注。当然这种方法的使用不能太频繁，否则会被朋友圈好友屏蔽。图6-36所示为朋友圈推广。

图6-36 朋友圈推广

6.7.2 微信群推广

主播还可以通过社群推广抖音号，社群已经成为粉丝增长有效的渠道之一。抖音主播建立社群的目的也是增强自己与粉丝之间的黏性，基于同一习惯或者爱好聚合在一起的粉丝会在互动过程中产生聚心力，从而提高粉丝留存率，有了粉丝留存率后，再利用这部分粉丝去吸引更多的粉丝。因此，想要抖音号更加受欢迎，就必须抓住社群的力量。

在已经加入的一些微信群中定期发送自己的抖音内容，可以提高自己的存在感和曝光率。当然了，这和朋友圈推广有一个共同的要求，那就是发送的视频要有质量，同时不能频繁发送，否则会被群主踢出群。同时要注意时间点，一般要选择在晚上黄金时间或者午休时，可以调动人们观看的积极性。图6-37所示为微信群推广。

此外，还需要不断加入一些人数多的微信群，然后在互动中发送抖音内容，慢慢引导微信群成员的关注。所以，运营抖音号还应该重视社群的影响力。

6.7.3　公众号推广

在有必要时，主播还可以创建属于自己的公众号，然后在公众号内定期发布抖音视频或者优质文章。这样的方式会让抖音内容显得更加高端，吸引优质用户关注。如果主播的文笔够好，公众号中的文章被转发的次数就会更多，那么主播的知名度也就会提升。同时，主播还可以和一些其他的公众号联手合作，一起提高抖音号的曝光率。

图6-37　微信群推广

6.8　思考题

（1）高点击量的抖音标题选取技巧有哪些？
（2）爆款短视频选题的原则是什么？
（3）互动时的技巧有哪些？
（4）如何提高评论的数量？
（5）什么是热点？从哪里找热点？

第7章

直播互动：一万个视频不如几分钟的实时互动

开通抖音直播，归根结底是为了进一步深度营销，而营销就要学会一些方法来进行引流和转换。在自媒体时代，通过抖音直播引流来的粉丝可以带来较高的转换率和购买率，从而达到抖音直播快速盈利的目的。相比于其他短视频App，抖音App的直播观看入口和开通方法显得比较隐秘，但这并不意味着抖音团队不重视直播平台。

抖音直播的开通条件与方法

对于想要开通抖音直播的"抖友"来说,抖音粉丝数量是一道门槛,抖音平台目前仅对部分用户开放直播权限。

7.1.1 开通方式和步骤

首先将抖音App升级到新版本,然后查看是否有直播权限。点击抖音App首页下方"+",滑动界面底部的拍摄模式至"开直播"即可进入直播间,如图7-1和图7-2所示。

图7-1 "开直播"

图7-2 进入直播间

【小抖知道】

开通抖音直播有什么作用?

开通抖音直播主要有两个作用:一是赚钱,二是吸引粉丝。

抖音赚钱主要是来自粉丝的打赏,这个需要主播有一定的语言魅力,擅长与粉丝互动,给粉丝带来欢乐。另外,开通抖音直播后还可以接广告赚钱。

在直播的时候,也会有直播间的排名。如果直播间排名靠前,就会有更多的用户进入直播间,这时候对新进入直播间的用户加以引导,可以介绍一些经验技巧逗乐他们,很容易吸引他们转化成粉丝。

7.1.2 签约公会

直播走红的背后是需要团队运作的,更何况目前抖音并没有直接"刷"直播的端口,想要被主动搜索到的可能性就更小了。

【小抖知道】

签约公会是可供选择的一种方案,对于新主播来说,与公会、抖音平台进行签约,走红的可能性更大。签约公会有以下优点。

第一,收入稳定。

签约抖音公会的主播一般有固定工资和福利。抖音新主播大多没有稳定的收入来源,签约抖音公会不仅能通过直播收入来维持生活,还能在一定程度上利用平台帮助自己进行职业规划。

第二,强势扶持。

通过抖音公会考核的新主播签约之后能够得到抖音公会在各方面的扶持,如风格定位、化妆指导、直播内容建议、技巧提升、素质培训、包装推广等,这些都是新主播十分欠缺的。

第三,手续简单。

通过抖音公会开通直播,在很大程度上简化了申请直播权限的流程,与抖音官方达成协议的抖音公会,一般会有自己的"绿色通道",这样开通直播就会很快。

抖音主播签约公会的具体操作步骤如下。

步骤01 首先打开抖音App,点击底部的"我",然后点击 ≡,如图7-3所示。

步骤02 点击下方的"设置",如图7-4所示。

图7-3 点击 ≡

图7-4 点击"设置"

步骤 03 在"设置"界面点击"反馈与帮助",如图7-5所示。

步骤 04 在"反馈与帮助"界面,点击"直播(直播权限申请、直播其他问题)",如图7-6所示。

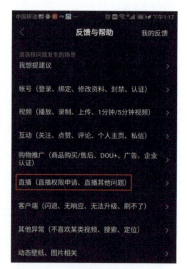

图7-5 点击"反馈与帮助" 　　图7-6 点击"直播(直播权限申请、直播其他问题)"

步骤 05 点击"公会相关",进入下一界面,如图7-7所示。

步骤 06 在界面中点击"如何申请加入公会?",如图7-8所示。

图7-7 点击"公会相关" 　　图7-8 点击"如何申请加入公会?"

步骤 07 进入"如何申请加入公会?"介绍界面,具体内容如图7-9所示。

图7-9 "如何申请加入公会?"介绍界面

7.1.3 独立签约

独立签约的申请方式与申请直播权限的方式相似。主播只需要将抖音的账号昵称、抖音号和常用的微信号按照格式编辑好，发送到抖音的官方邮箱；通过后，官方会添加申请人的微信号进行核实并与其交谈，选择合适的申请人进行签约。

抖音官方平台的签约合同一般没有规定固定工资，而是采取礼物分成的方式，新主播的分成比例约为30%，根据直播流量有一定的鼓励资金。

合同期满后，若主播的人气等方面提升显著，直播的分成比例也会相应提高。建议有意愿独立签约且已经开通直播权限的"抖友"可以先试播，检验自己是否适合直播的同时，也能积攒一些与抖音官方谈判的资本。

7.2 内容定位，确定用户画像

直播的内容定位要具体到确定用户画像。弄清楚用户是谁，他们要什么，他们的年龄、性别、职业又是怎么样的。最为关键的是，弄清楚能给用户提供什么。对这些元素的详细分析，构成了用户画像。足够了解用户，了解自己的潜在用户，才有可能吸引他们并转化为粉丝。

7.2.1 群体分析

根据网络数据统计，中国短视频应用用户规模已经达到5.94亿，占整体网民规模的比例高达74.19%，其中，30岁以下网民的短视频使用率为80%。2018年12月抖音月活跃用户规模达4.26亿，在所有短视频App中月活跃用户排名第一。

抖音平台用户画像的特性显示，80%以上的抖音用户年龄小于35岁，并且男女性别比例为4:6，以女性居多。图7-10所示为抖音用户年龄分布。

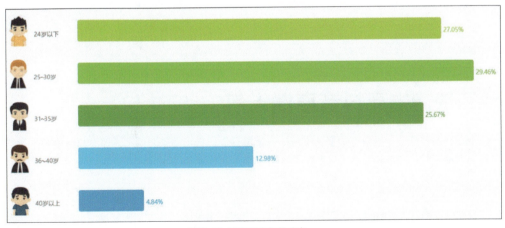

图7-10 抖音用户年龄分布

结合直播内容的数据调查，较为热门的直播内容大致有歌舞才艺、搞笑"段子"、健康生活、情感频道、学习教程等。

7.2.2 主动引流

抖音号运营者越来越多，竞争也越来越大。这种情况下，需求量大的内容往往也意味着同质化严重。很多"抖友"甚至会产生"同样是做直播导购的，为什么我的直播流量会比他差这么多"类的问题，抖音号的粉丝数量是非常重要的，如果没有一定数量的粉丝就开直播，"抖友"注定会有这样的心理落差。

抖音的热门直播是随机推送的，是否只能被动等待？其实可以利用关键词的串联，让直播更容易被搜索到。在短视频的简介中输入与昵称、直播主题相同的关键词，就会增加被搜索到的概率，如图7-11所示。

有明确需求的"抖友"往往会主动去搜索所关注领域的视频，一个热搜的昵称或简介，很容易把自己的视频推到靠前的位置。正在直播中的"抖友"头像会出现"红圈"提示，人的好奇心是很强的，用户点进去看直播的可能性很大，如果内容有吸引力，用户就会"驻足"了。这也就意味着，在前期，主播需要花更多的时间来直播，让其他"抖友"能更容易"偶遇"自己。

图7-11 关键词搜索

7.3 快速提高抖音直播人气

现在抖音"涨粉"方法有很多，比较快的就是开通抖音直播来涨粉了。提高抖音直播人气的方法有哪些呢？一般直播间的人气主要来自两方面。

1. 粉丝

有些新主播进入直播间，发现没有一个人看，造成这种现象的根本原因就是没有粉丝，粉丝是直播间人气的主要来源，粉丝的积累是一个漫长的过程。图7-12所示的主播就拥有强大的粉丝团。

当主播开通直播以后，只要关注该主播的粉丝都会收到一条直播的通知信息，他们可以通过这条通知进入该主播的直播间。

2. 小时榜排序

除了粉丝会来到直播间以外，还会有游客从小时榜列表中进入直播间，小时榜列表一般会出现在直播界面的顶部，如图7-13所示。

假如主播的直播在小时榜排名靠前，那就相当于有一个广告位推荐，无形之中就会有观众进入该主播的直播间。

图7-12 强大的粉丝团

图7-13 小时榜

7.4 抖音直播的技巧

从2015年直播进入大众视野开始，各种直播平台和App层出不穷。可无论各平台如何花样百出抢占市场，主播一直都是直播的核心，其重要性不可取代。抖音直播越来越火爆，许多有才艺、有颜值的主播都入驻了抖音直播平台。那么做抖音直播到底有哪些技巧呢？

7.4.1 把握礼物赠送时机，引起关注

给主播打赏过礼物的人都知道，在打赏过后主播都会向打赏礼物的人表示感谢，这时候打赏礼物的人就会觉得"倍儿有面儿"。打赏人在有的平台打赏后会获得特效，如可以获得其他人的"膜拜"，有的人就很享受这种打赏后的快感，进而不断打赏。

 粉丝对为自己提供知识、娱乐消遣的主播予以合理的金钱鼓励，是维系直播文化良性运转的必要前提。主播通过直播提供价值，获取收益，而粉丝提供一定的资金获取价值。

赠送礼物的步骤如下。

步骤 01 点击互动区的"礼物" 🎁，如图7-14所示，打开赠送列表，其中有各式各样的礼物及其标价，如图7-15所示。在抖币充足的情况下，点击自己想要赠送的礼物。

步骤 02 确定赠送后，礼物将以特定的形式出现在特效区，并在互动区出现相应文字提醒。直播赠送的礼物将成为主播收获的"音浪"（音浪与抖币比例为1:1），查看主播获得音浪的情况如图7-16所示。

图7-14 点击互动区的"礼物" 🎁

图7-15 礼物及其标价

图7-16 查看主播获得的音浪

礼物的数量可以在一定程度上体现粉丝对主播的认可度以及粉丝的活跃度。礼物能够直接拉近粉丝与主播的距离。主播往往会对粉丝赠送礼物进行答谢，被主播念到昵称进行口头感谢，会提高该粉丝在粉丝圈中的影响力，也会让粉丝觉得赠送礼物给主播的行为是值得的。

主播怎样才收到更多礼物呢？

1. 学会感恩

从某种层面上来讲，主播的收入是粉丝花钱送礼物形成的，是粉丝一个个礼物累积起来的，所以主播一定要对粉丝怀有一颗感恩的心。

2. 学会尊重粉丝

粉丝愿意为主播花钱送礼物，就是对主播付出的肯定，也是对主播最大的支持。可能会有一部分人毫无根据就指责主播，主播可以无视这一小部分人，不要去和他们理论。当粉丝送出礼物的时候，主播一定要记得叫出粉丝的昵称，并带上"谢谢"两个字。图7-17所示为粉丝给主播送出礼物后，主播说出感谢的话。

3. 多点真诚

主播不要想着骗粉丝，应该让粉丝心甘情愿地给你送礼物。

4. 懂得礼轻情意重

千万不要因为礼物太小而不理粉丝，礼物大小不重要，重要的是得到粉丝的认可，礼物是不分大小的。不要让粉丝觉得送小礼物就不值得被尊重。

> **提示 Tips**：抖音直播能这么火主要归功于抖音短视频带来的巨大流量。有流量就会有赚钱的方法，利用抖音赚钱的主要方法就是开通直播并收取粉丝赠送的礼物，如果抖音号粉丝数量很多，做直播就会得心应手，也会很容易获得高收益。

图7-17 说出感谢的话

7.4.2 与粉丝交流应该把握好度

主播与粉丝交流应该怎样把握好度？

1. 把握好新老粉丝的度

老粉丝是长期的支持者，新粉丝是未来潜在的支持者，对待这两者不可有偏颇。跟老粉丝的交流可以借助QQ、微信等工具，与他们分享自己的快乐与悲伤，鼓动他们活跃直播间氛围。在直播的过程中，应以与新粉丝交流为主，让他们感到自己得到了主播的重视，从而成为主播的忠实粉丝。当然，这个过程中并不是说与老粉丝不交流，而是要把握好度。

2. 要把握好唱歌与交流的度

粉丝进入直播间，主要还是听主播唱歌，如果长时间跟一个人或几个人聊天，粉丝可没有那么多的耐心，超过两分钟，会立马离开。所以主播一定要把功夫下在唱歌和表演上，提升演唱功底，同时把整个表演的过程尽量连贯起来，如果交流时语言更灵活、更幽默，当然更好。

3. 要把握好交流语言的度

什么样的主播，吸引什么样的粉丝，主播与粉丝交流的语言应与自己的风格相符。总之主播与粉丝交流应把握好度，要让粉丝开心，不反感。

7.4.3 新主播互动技巧

许多新主播在直播时都会遇到这种问题：直播时缺少互动，容易冷场。原因是绝大多数新主播不懂得直播间的互动技巧。

1. 表情、动作丰富

很多新主播在直播间容易表情、动作僵硬，这也是许多新主播人气较低的重要原因之一。

主播除了要善于调动现场气氛，还要尽可能地加强与粉丝间的交流，提高每个人的参与感。

除了多笑，新主播也要考虑做更多丰富的表情和动作，如卖萌嘟嘴，如图7-18所示；也可以在演唱的过程中，增加一些小手势和表情，如图7-19所示。这些细节让粉丝的感官受到刺激，不仅可以感受到主播的积极与热情，更容易对主播产生好感，从而更有意愿打赏礼物。

图7-18 卖萌嘟嘴　　　　图7-19 小手势

2. 大方一点，动起来

唱歌的时候一定要试着挥动胳膊跟大家互动，如果能唱跳那就更好了。如果你是粉丝，你喜欢看形式单一的唱歌表演还是又唱又跳的表演？所以，主播直播时一定要动起来，大方一些，不要扭扭捏捏。图7-20所示为主播边唱边跳的画面。

图7-20 主播边唱边跳

3. 平时多积累内容

主播如果语言幽默，就很容易引起粉丝的好感。但是许多新主播自己本身不够外向，也没有幽默的潜质，那么对他们来说，应该怎么做呢？平时可以多积累内容，可以背下来，直播时再搭配一些当前的热门话题，相信他们的直播就不会枯燥了。

4. 多谈自己的生活感受和经历

偶尔可以聊一些自己的生活小事，容易拉近主播和粉丝的距离。例如最近去哪里逛街或旅游了，又如最近逛淘宝的时候又看上了哪款包包和裙子，特别想买等。

5. 要有自己独特的直播风格

直播的方式每天都在推陈出新，主播要善于变换，创新思想，要有自己的直播风格，多与粉丝互动。直播时充分展示语言的魅力，文明的聊天能够吸引素质高的粉丝，带来不一样的直播效果。不论怎样变换，最终的目的是吸引粉丝的关注。

6. 选择合适的直播时段

很多主播觉得晚上7点到11点是直播的黄金时段，都抢着在这个时段直播。虽然在黄金时段上网的人会多一些，但是上线的大主播更多，新主播很难和那些大主播竞争，新主播应学会合理地选择直播时段。此外，当主播发觉自己当前选择的直播时段人气状况不理想时，可以尝试考虑更换直播时段，以发掘更多的潜在粉丝。

> **提示 Tips** 直播背景区域要尽量整洁、大方、有品位，避免陈列过多杂乱摆件。在背景色彩方面，60%面积的白色或浅色可以更好地衬托主播的肤色及服饰；清晰柔和的直播画面、甜美的声音更容易吸引粉丝的关注。

7.4.4 直播推送，多平台分享开播提醒

很多新主播通过抖音直播获得的第一笔收入不是很多，但有了收入就有了好的开始。接下来要做的就是提高自己的知名度，吸引更多的粉丝。

除了抖音站内分享，还可以通过"分享"按钮生成直播间链接，直播间的网址是不会变的。网址链接可以以文字形式放在任何平台甚至网页上，是可以直接打开的，这就让主播可以选择更多平台进行分享了。

多平台分享的具体操作步骤如下。

步骤 01 在直播间底部，点击"分享"按钮 ，如图7-21所示。

步骤 02 弹出图7-22所示的界面，点击"分享到"下的"微信"。

图7-21 点击"分享"按钮

图7-22 点击"微信"

步骤 03 弹出分享的抖音号，点击底部的"保存并分享"，如图7-23所示，即可弹出"图片已经保存至本地相册"，如图7-24所示。

图7-23 点击底部的"保存并分享"　　图7-24 图片已经保存至本地相册

7.4.5 抖币充值

直播间提供的免费互动功能及道具有限，想要获取更多玩法和权限，就需要使用抖币。抖币与其他常见的直播虚拟币类似，都是用人民币充值然后统一进行换算的，是购买虚拟礼物的"货币"。

可以用抖币自由购买虚拟礼物等平台提供的各项产品或服务；可将购买的虚拟礼物赠予主播或平台创作者。

抖币充值的具体操作步骤如下。

步骤 01 打开抖音App后，在"我"界面中点击右上角的"菜单"按钮，如图7-25所示。

步骤 02 在菜单中，点击"钱包"，如图7-26所示。

图7-25 点击右上角的"菜单"按钮　　图7-26 点击"钱包"

第 **7** 章 直播互动：一万个视频不如几分钟的实时互动

步骤03 进入"钱包"界面，点击"充值"按钮，如图7-27所示。

步骤04 进入"我的钱包"界面，该界面显示了已经有的抖币，这里是0，根据充值金额的不同点击下面的按钮，如图7-28所示。

步骤05 弹出微信或支付宝支付的方式，这里选择"支付宝支付"，如图7-29所示，然后点击"确认支付"按钮，充值完成后即购买抖币成功。

图7-27 点击"充值"按钮　　　　图7-28 选择充值金额　　　　图7-29 选择支付方式

7.4.6 加入粉丝团

关注主播只能成为直播间的一般粉丝，这类粉丝不具有稳定性。加入粉丝团的粉丝则是核心粉丝，这类粉丝一般会长期稳定地观看直播。

对于用户来说，如果有自己喜欢的主播，就可以申请加入他们的粉丝团。那么怎么加入粉丝团呢？具体操作步骤如下。

步骤01 打开抖音App，找到自己感兴趣的主播，如图7-30所示。

图7-30 找到自己感兴趣的主播

125

步骤 02 进入主播的直播间，界面左上角是该主播的抖音昵称，在昵称下方就是粉丝团了，点击这个粉丝团称号，如图7-31所示。

步骤 03 下方出现一个界面，点击"限时折扣加入粉丝团（10抖币）"即可加入。加入粉丝团需要10抖币，如图7-32所示。

步骤 04 因为粉丝团并不是免费加入的，所以点击后系统会提示进行充值，如图7-33所示，充值完成即可加入粉丝团。

图7-31 点击粉丝团称号

图7-32 加入粉丝团

图7-33 提示进行充值

7.5 思考题

（1）抖音直播的开通条件与方法是什么？
（2）抖音主播签约公会具体操作步骤是怎样的？
（3）抖音直播提高人气的方法有哪些？
（4）主播怎样才能收到更多礼物？
（5）新主播互动技巧有哪些？

第8章

流量变现：抓住抖音风口，不放过变现机会

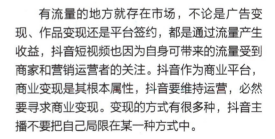

有流量的地方就存在市场，不论是广告变现、作品变现还是平台签约，都是通过流量产生收益，抖音短视频也因为自身可带来的流量受到商家和营销运营者的关注。抖音作为商业平台，商业变现是其根本属性，抖音要维持运营，必然要寻求商业变现。变现的方式有很多种，抖音主播不要把自己局限在某一种方式中。

8.1 电商卖货模式

用户在抖音上花费的碎片时间可以转化为强大的购买力。用户在观看视频过程中呈现放松的状态，在这种无意识的状态下，最容易购买商品。

8.1.1 抖音做电商的玩法

利用抖音视频内容营销引流到淘宝、天猫店铺，其思路是利用抖音的火爆，给产品预热，将抖音里大量的潜在客户引导到自己的店铺下单。

一般来讲，粉丝数量低于200万的抖音账号，可以用来接品牌商广告和电商广告；粉丝数量高于200万的抖音账号，可以考虑给达人开店，让他们卖自己的同款产品。

抖音降低开放购物车功能的标准后，现在很多拥有上百万粉丝的抖音号中，短视频底端出现了黄色购物车按钮（视频同款玩具），如图8-1所示，点击"视频同款玩具"将弹出商品详情页面，如图8-2所示，点击"去看看"直接链接到商品店铺。

图8-1 黄色购物车按钮

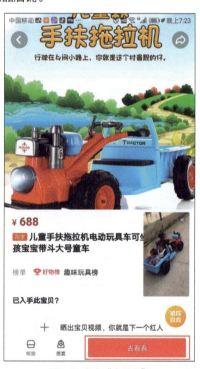

图8-2 点击"去看看"

在一些粉丝数量比较多的抖音账号中，也有"商品橱窗"导航功能，可以借此直接引导用户到商品橱窗购买产品，如图8-3和图8-4所示。

 事实证明，任何一个平台想要长期发展，利用流量变现、销售产品是有效的方式。建议有好产品的商家，可以做多方面尝试。

第 **8** 章　流量变现：抓住抖音风口，不放过变现机会

图8-3　点击"商品橱窗"

图8-4　商品橱窗展示

8.1.2　所展示产品必须亲自试验

想要在抖音中展示自己的产品，甚至打造出爆款，让粉丝直接将其加入购物车，只是在视频中推荐是没有用的，主播必须要亲自试验。图8-5所示的昵称为"家常美食教程"的抖音账号，主播在视频中调制豆腐，给豆腐特写镜头，并且全面体现出豆腐的特色，这样粉丝会忍不住想要多看几遍，最终将其加入购物车。

无论是在视频中展示衣服还是食物，主播都应该亲自试验。例如，衣服可以试穿，给粉丝展示出服装的美和适合穿的身材以及搭配方案，这样粉丝才会购买。食物虽然不能直接看出好不好吃，但是品相要好看，主播甚至还应该拍摄整个制作过程，粉丝才会放心，这样才会促使粉丝将其加入购物车。

在抖音上，除了可以卖产品，还可以卖课程。如今，在网上卖课程资料的人比比皆是，如卖乐器、绘画、舞蹈、跆拳道等方面的课程大受欢迎。

图8-5　家常美食教程

8.2 广告模式

接广告也是目前抖音平台上最主要的变现盈利模式之一，一般是通过软广告植入等巧妙的方式进行品牌合作营销。目前垂直细分类账号最容易变现，如美妆、测评类账号，基本上这类账号有超过10万的粉丝就有不少广告收入了。

8.2.1 抖音广告投放形式

抖音广告常见的投放形式有信息流广告、开屏广告、贴片广告、达人合作等。

1. 信息流广告

抖音视频信息流广告是在抖音App内"推荐"界面出现的广告，即用户日常"刷"得最多的界面。信息流广告也称为原生广告，是目前效果比较好的一种广告方式，这种广告最大的优点是将广告更加自然地融入用户所浏览的内容中。

抖音通过精选优质视频，采用下滑屏幕即推荐新视频的展现方式，让用户可以持续在抖音App内观看视频。在用户下滑屏幕观看新视频时，不定期插入广告视频，用户如果对该广告有兴趣，会点击该广告视频进一步了解。图8-6所示为抖音信息流广告。

图8-6 抖音信息流广告

2. 开屏广告

开屏广告本身已经是很常见的营销模式，几乎所有App都会采用这种营销模式。抖音开屏广告即在抖音App启动时展现的广告，该广告在App启动时展现，广告播放完毕后进入"推荐"界面。开屏广告的优势很明显，就是曝光效果好，只要用户打开抖音就能实现曝光；缺点也很明显，就是价格高，比较适合品牌型客户，同样也适合追求高曝光率的客户。

作为移动端的黄金广告位，抖音的开屏广告也在第一时间吸引了用户的注意力。图8-7所示为伊利牛奶京东店铺在抖音投放的开屏广告。

图8-7 伊利牛奶京东店铺的开屏广告

对于品牌来说，开屏广告是一种有效的广告营销模式，尤其是对于抖音这样用户规模巨大的平台来说。抖音开屏广告具有以下几个特点。

（1）曝光量巨大。

开屏广告会向全网投放，广告的曝光量是巨大的。开屏广告支持按特定条件投放，投放开屏广告的广告主一般会投放品牌形象广告、新品上市形象广告等。

（2）视觉效果好。

抖音开屏广告以巨幅图片或视频的形式在抖音App启动时展现，以酷炫的效果在App启动时自动展现，给用户视觉上的冲击非常强烈。

（3）广告费用高。

由于抖音开屏广告曝光量巨大，广告位置佳，其费用也会更高，广告投放费用100万元起。相比抖音信息流广告来说，开屏广告的价格要高很多。

（4）可定向投放。

抖音开屏广告在投放时是支持定向投放的，目前支持地域、性别等基础定向投放方式，广告主可以根据目前客户、目标市场等进行定向投放，使广告曝光更有针对性。

3. 贴片广告

贴片广告的优势是用户体验非常好。贴片广告使用场景原生，用户接受度高，互动时间长；引导用户主动分享后，触发二次传播；广告形式生动，提升抖音用户对品牌的好感。

4. 达人合作

达人合作需要向抖音官方申请，由抖音官方进行需求匹配，按照广告主合作要求，匹配具有相应粉丝数量的达人进行合作。这种广告的优势是能够借助达人的影响力来提高广告的传播效果，如果广告创意足够好且能够上热门，曝光量更会呈现指数级增长。达人合作具有以下特点。

（1）内容定制：为客户提供符合抖音特性的视频内容定制服务。

（2）达人营销：借助达人影响力和创意实现品牌营销的目的。

（3）原生传播：达人合作视频可进入推荐界面，在抖音平台原生传播。

（4）二次传播：视频内容可用于其他平台二次传播。

8.2.2 抖音广告优势

抖音广告优势有哪些？

（1）优质的用户资源。

抖音用户以"95后"和"00后"为主，这类用户生活条件优越，思想独立，接受新鲜事物能力强，对广告的接受度高。

（2）智能社交，用户黏性好。

抖音的智能社交特性可以拉近创作者与粉丝关系，构建抖音短视频内容的智能社交生态系统，有助于提升用户黏性。

（3）个性化营销更吸引人。

广告主可以将广告的产品特性与短视频轻松娱乐的内容巧妙结合，将广告融合在视频内容中，通过软广告的方式向用户传递广告信息，生动形象的故事情节，可以在吸引用户的同时，提高他们的接受度。个性化营销如图8-8所示。

（4）互动性强。

抖音短视频以音乐为切入点，搭配表演等内容的创意表达形式，为用户创造丰富多样的玩法，进行广告植入，以内容带动人气。主播在抖音社区与众多用户互动，可以提高广告转化率。图8-9所示的视频在发布后24小时内获赞超过31.4万，评论超过4000条。

图8-8 个性化营销　　　　　　　　　图8-9 互动性强的视频

（5）名人资源更多。

抖音特有的社交模式吸引更多名人入驻。

8.2.3 幽默植入广告

即使粉丝再喜欢抖音主播，但是对于广告都是天生有抵触感的。广告太多，可能会增加粉丝的厌恶感。那么，可以不接广告吗？可以，但前提是不想通过这种方式营利。逃避并不是解决问题的办法，其实只要把握好方法，广告不但不会让粉丝反感，还会给主播带来粉丝。这个方法就是用幽默的方式植入广告，让广告成为视频中的笑点。把广告词变成搞笑的台词，让观众发笑的同时，又能自然而然地接受广告的信息。图8-10所示为在视频中幽默植入广告的画面截图。

 抖音平台上充满了参与感和创意的餐饮消费行为，搭配上当下受欢迎的短视频形式，非常容易成为其他用户争相模仿的对象，能迅速带来海量的线下转化。

图8-10 在视频中幽默植入广告

8.3 达人直播付费模式

抖音有两大流量入口，一个是短视频，另一个就是达人直播。相比短视频，达人直播互动的即时性更强，粉丝与达人可以直接通过直播平台进行交流；达人也可随时根据粉丝意见调整直播内容，粉丝可以为自己喜欢的达人进行直播打赏。

8.3.1 直播卖货

直播已不再是女性主播的专利，各个商家已经开始充分利用直播平台聚拢粉丝，来实现转化变现了。主播除了可以依靠粉丝打赏变现之外，还可以借助自己的一技之长在直播中卖货。卖家边直播边卖货，可以提高观看直播的用户购买商品的概率。

品牌商家通过直播向用户推荐商品，相较于硬广告、图文推荐来说，这样的购物体验不再是冰冷的货架，或者是单品推荐，而是丰富的内容型商品推荐。直播最大的优势就是可以快速地聚粉、沉淀和互动，进行二次营销，直播和售卖同时进行。图8-11所示为商家通过直播推荐商品。

目前已经有部分抖音主播获得一项特殊权限，那就是可以在直播界面显示购物车按钮，粉丝点击按钮可以进入商品列表，边看直播边买东西，如图8-12所示。

图8-11 商家通过直播推荐商品

图8-12 购物车按钮

> **提示** 除此之外，主播还可以在直播中给自己做其他方面的引流。例如，将粉丝引流到知名品牌电商网站中，这样主播也可以获得间接提成，实现多样变现。

8.3.2 用才华获得粉丝打赏

抖音直播是怎么赚钱的呢？很简单，和其他传统直播平台一样，大部分都是通过粉丝购买礼物之后打赏获得的。只要内容足以吸引粉丝，那么这些粉丝将通过赠送直播平台上所设定的虚拟礼物进行打赏。

直播平台的主播，其主要的收益来源于粉丝赠送的虚拟礼物，如鲜花、金币、跑车、飞机等，不同的虚拟礼物所对应的虚拟货币也是不同的，而这些礼物就是主播的直接收入。拥有50万到100万粉丝的优质主播，每月收入可达30万元~50万元。一名主播除了基本底薪外，其他收入都是靠粉丝赠送的虚拟礼物获得的，如图8-13所示。

> **提示 Tips**
> 粉丝打赏了礼物主播就可以获得音浪，而音浪可以直接提现，达人获得的总收入就是音浪，音浪越多，人气也越高。

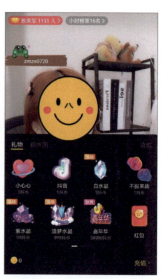

图8-13 粉丝打赏

在直播过程中，主播需要和粉丝进行良好的互动。互动做到位之后，粉丝才会更加喜欢主播，从而更愿意打赏。

另外，在直播时，拒绝那些毫无营养、非常无聊的聊天内容，这样的内容会让粉丝觉得浪费时间，粉丝一无所获，自然不会打赏。因此，主播在直播前要进行粉丝调查，调查粉丝喜欢什么内容，然后针对这个内容进行直播，戳中粉丝痛点的直播一定可以获得更多好评，也能获得更多打赏。

8.4 品牌企业宣传模式

在传播形式日益多元化的今天，越来越多的品牌主发现了抖音的营销宣传价值。抖音独特的短视频模式，让许多品牌形象变得立体，品牌借助平台传播的互动性、趣味性来进行宣传，比电视广告更能打动消费者。

大品牌因为销售渠道众多，做抖音以宣传为主，作用在于提醒消费者复购而非直接成交，所以这类品牌运营抖音号一般是以曝光度、点击率等为主要目标，对销售额不做硬性要求。

图8-14所示的小米手机是品牌中较早使用抖音做宣传的，目前小米手机已经在抖音拥有了353万粉丝并且粉丝数量还在持续增加。小米手机在雷军和各路名人的加持下，将广告拍成抖音短视频来宣传品牌形象。

图8-14 品牌企业宣传

8.5 百万粉丝抖音"网红"变现

抖音"网红"指的是经常在抖音发布短视频,有一定粉丝量的用户。粉丝量的多少并没有行业标准,比如垂直细分类的视频的主播,有几万粉丝的就可以称为"网红"了。主播成为抖音"网红"之后,凭借千万粉丝,影响力甚至可以与名人相比,同时还可以获得其他附加价值。例如,推出自己的产品、接广告、接代言、踏上星途等。

8.5.1 抖音红人转型成为超级"网红"

主播在抖音平台具备海量粉丝之后,还可以转型成为超级"网红"。除了演员之外,还有一些原创音乐人也在抖音上传播自己的原创作品。

抖音此举是一举多得,既能支持原创音乐,又招揽了一批原创作者,还可以为抖音平台贡献一大批优质素材,顺便还巩固了自身在短视频类App中的地位,同时还提升了用户活跃度。

对这些原创作者来说,可以通过抖音让自己的作品获得更多被关注的机会。有些音乐人通过发视频获得数百万粉丝,签约唱片公司;有些则通过平台获得发唱片的机会,甚至从此进入歌坛,成为拥有数百万粉丝的歌手。

"摩登兄弟"这个名字,相信经常玩抖音的朋友肯定是耳熟能详了。他们凭借出色的长相、扎实的唱功,在抖音人气一路飙升。从最初丹东大街做户外直播的主播,再到参加央视节目,现在已经转型成为艺人,如图8-15所示。

图8-15 超级"网红"摩登兄弟

8.5.2 形象代言

营销无非是通过各种方法进行宣传,让企业品牌得到最大程度的正面传播,这其中的手段不乏找形象代言人。企业形象代言人、产品代言人,这些以前都是名人才能做的,对于普通人而言,做代言人是遥不可及的。可随着"网红"的出现,代言已不再是名人才能做到的事了,在"网红"经济下,人人都能当"名人"。通过形象代言,"网红"得到的不只是报酬,还有自身粉丝数量的增长和知名度的提高。

抖音中的"成都小甜甜"也是个"网红",当她被问到男人一个月多少工资可以养活她的时候,小甜甜回答的"能带我吃饭就好"这七个字瞬间触动了无数人。此后每当抖音上面有小甜甜的视频,都会引发很多人的关注。国内知名的手机厂商小米便找到了小甜甜,让小甜甜成为小米青春版的代言人。她为品牌代言获得报酬,而品牌方依靠"网红"的人气和影响力达到了宣传效果,如图8-16所示。

图8-16 形象代言

8.5.3 "网红"转型演员

很多"网红"因为拥有很多粉丝,逐渐开始转行当演员。近年来,随着互联网和信息的发展,网络电影、网络短片、网络剧逐渐出现,也给一些有表演基础的"网红"更多的机会。网络影视媒体的门槛低、互动性强,具有强大的大众娱乐性,逐渐被年轻人接受和喜爱。

papi酱是非常火的"网红",也是较早成功的"网红",她的粉丝数量超过2800万。papi酱大火与她的才华是密不可分的:视频形式新颖,能吸引大众眼球,内容有意思、接地气,吐槽准确,引人爆笑,抓住了网络吐槽的精髓。一直活跃在网络上的她也开始慢慢走近演艺圈,开始接触演员这个行业,2017年,papi酱首次参与制作电影《玲姐大闹萌贵坊》。

8.6 开通抖音小店

抖音小店是抖音为主播提供的变现工具,帮助主播拓宽变现渠道。抖音小店是网络店铺,和淘宝店铺性质相同。

8.6.1 抖音小店的意义

用户开通抖音小店后,可以在今日头条、抖音、火山小视频等平台展示专属的店铺界面,小店的商品可通过微头条、视频、文章等多种方式进行展示。粉丝可以在今日头条、西瓜视频、火山、抖音等App内获取内容、购买商品。一般购买者购买商品后,可以直接转化成为粉丝,帮助商家形成完整的流量闭环,获得更大的成交量提高收入。

相比于把流量给淘宝或者被达人将流量转化到微信端,抖音更期望能够把大量的精准流量沉淀在自有产品生态系统下,同时抖音竭力打造抖音小店就是想从微商的手里分一杯羹,逐渐使普通人接受"抖商"的概念。用户可以直接在抖音平台完成交易,降低用户流失率。这是抖音小店最重要的意义。

 在抖音橱窗可以添加抖音小店的商品,商家可以通过更多的抖音用户来帮自己的店铺引流,在这个时候可以将多个不同的抖音账号绑定在同一个抖音小店。

8.6.2 抖音小店入驻流程

入驻抖音小店的具体操作步骤如下。

步骤 01 进入抖音商家入驻申请地址,选择"抖音账号登录",如图8-17所示。一定要登录自己的抖音账号,才能把店铺和抖音账号绑定在一起。

步骤 02 进入手机号登录界面,输入手机号和验证码,如图8-18所示。

图8-17 选择"抖音账号登录"　　　　　图8-18 手机号登录界面

步骤 03 根据实际情况选择"个体工商户入驻"或者"企业入驻",这里选择"个体工商户入驻",单击"立即入驻",如图8-19所示。

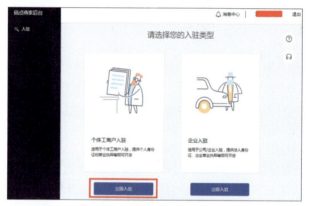

图8-19 单击"立即入驻"

步骤 04 输入经营者基本信息,如图8-20所示。

步骤 05 接着输入经营者资质信息,然后单击"下一步"完成入驻,如图8-21所示。

图8-20 输入经营者基本信息　　　　　图8-21 输入经营者资质信息

8.6.3 抖音小店后台管理

抖音小店后台管理具体操作步骤如下。

步骤 01 进入抖音小店后台管理界面，单击左侧的"商品创建"，弹出创建商品界面，选择"产品参数"，如图8-22所示。

图8-22 创建商品

步骤 02 接着单击"产品主图"，在这里可以上传图片，如图8-23所示。

图8-23 单击"产品主图"

步骤 03 接着单击"产品详情"，在这里可以输入产品详细信息，如图8-24所示。

图8-24 输入产品详细信息

139

步骤04 接着单击"订单套餐",在这里可以输入商品规格、库存数量、价格、商品编码等信息,如图8-25所示。

图8-25 输入订单套餐信息

步骤05 单击左侧的"商品管理",可以管理商品,包括正在售卖商品、提交申请商品、下架商品、封禁商品、保存未提交商品、回收站等,如图8-26所示。

图8-26 管理商品

8.7 思考题

（1）抖音广告投放形式有哪些？
（2）抖音广告优势有哪些？
（3）怎样在抖音直播中卖货？
（4）在直播中怎样才能获得粉丝更多的打赏？
（5）怎样入驻抖音小店？